Vanusa Zonzete

CB135411

Inglês para Secretárias

CÓPIA NÃO AUTORIZADA É CRIME
ABDR
ASSOCIAÇÃO BRASILEIRA DE DIREITOS REPROGRÁFICOS
RESPEITE O DIREITO AUTORAL

Preencha a **ficha de cadastro** no final deste livro
e receba gratuitamente informações
sobre os lançamentos e as promoções da Elsevier.

Consulte também nosso catálogo
completo, últimos lançamentos
e serviços exclusivos no site
www.elsevier.com.br

Sônia Assumpção e
Fernanda Ferreira de Ferreira

Inglês para Secretárias

Um guia prático para secretárias, assessoras e assistentes

ELSEVIER

CAMPUS

© 2011, Elsevier Editora Ltda.

Todos os direitos reservados e protegidos pela Lei nº 9.610, de 19/02/1998.
Nenhuma parte deste livro, sem autorização prévia por escrito da editora, poderá ser reproduzida ou transmitida sejam quais forem os meios empregados: eletrônicos, mecânicos, fotográficos, gravação ou quaisquer outros.

Copidesque: Shirley Lima da Silva Braz
Revisão: Ana Lucia Normando e Vinicius Figueira
Editoração Eletrônica: Estúdio Castellani
Vozes do áudio: Sônia Assumpção e Fernanda Ferreira de Ferreira
Gravação: Estúdio Focus – Porto Alegre

Elsevier Editora Ltda.
Conhecimento sem Fronteiras
Rua Sete de Setembro, 111 – 16º andar
20050-006 – Centro – Rio de Janeiro – RJ – Brasil

Rua Quintana, 753 – 8º andar
04569-011 – Brooklin – São Paulo – SP – Brasil

Serviço de Atendimento ao Cliente
0800-0265340
sac@elsevier.com.br

ISBN 978-85-352-4478-6

Nota: Muito zelo e técnica foram empregados na edição desta obra. No entanto, podem ocorrer erros de digitação, impressão ou dúvida conceitual. Em qualquer das hipóteses, solicitamos a comunicação ao nosso Serviço de Atendimento ao Cliente, para que possamos esclarecer ou encaminhar a questão.

Nem a editora nem o autor assumem qualquer responsabilidade por eventuais danos ou perdas a pessoas ou bens, originados do uso desta publicação.

CIP-Brasil. Catalogação-na-fonte
Sindicato Nacional dos Editores de Livros, RJ

A87i Assumpção, Sônia
Inglês para secretárias : um guia prático para secretárias, assessoras e assistentes / Sônia Assumpção e Fernanda Ferreira. – Rio de Janeiro : Elsevier, 2011.
168p. : il.

Inclui bibliografia
ISBN 978-85-352-4478-6

1. Lingua inglesa – Compêndios para estrangeiros. 2. Correspondência comercial em inglês. 3. Prática de escritório – Sínteses, compêndios, etc. I. Ferreira, Fernanda. II. Título.

11-1796. CDD: 428.24
CDU: 811'111'243

Dedico este livro ao Dedé (*in memoriam*), meu amor.
Sônia

Agradecimentos

Gostaríamos de agradecer às nossas editoras, Caroline Rothmuller e Christiane Simyss, por terem acreditado em nosso projeto.

Agradecemos, também, ao querido amigo Vinicius Figueira, pelas sugestões e revisão.

E por último, porém não menos importante, queremos agradecer a todas as secretárias que responderam ao nosso questionário e que, desta forma, nos ajudaram a elaborar o conteúdo deste livro.

As autoras

Sobre as autoras

SÔNIA ASSUMPÇÃO residiu nos Estados Unidos por 11 anos. Foi secretária executiva bilíngue por muito tempo, sempre atuando na área de exportação. Há aproximadamente 20 anos leciona inglês. É diretora da English3 Assessoria e Desenvolvimento Linguístico, onde ministra oficinas e imersões em inglês, aulas particulares e *in-company*, assim como faz traduções e locuções. Possui certificação de proficiência e especialização no Brasil e no exterior.

FERNANDA FERREIRA é psicóloga com especialização em Psicoterapia nos Estados Unidos, onde residiu por quatro anos. Possui vasta experiência no ensino de inglês, aliando a este os vários recursos da Psicologia. Participou de diversos cursos e treinamentos para professores no Brasil e no exterior. Especializou-se no ensino de inglês personalizado para empresas, trabalhando também como tradutora de livros, artigos para revistas e versões de roteiros de filmes.

Apresentação

Há vários anos ministramos oficinas de inglês para secretárias, preparamos profissionais para entrevistas de emprego e fazemos avaliações de competência linguística para fins de contratação e promoção em empresas.

Também participamos de diversos grupos e fóruns de secretárias na internet. Semanalmente, recebemos pedidos de ajuda sobre os mais variados assuntos relacionados a inglês: perguntas sobre pronúncia, gramática, vocabulário, tradução e assim por diante.

Percebemos que seria de grande ajuda a essas profissionais se existisse um livro com dicas claras e objetivas sobre o inglês que elas utilizam no cumprimento de suas tarefas. Fizemos um levantamento acerca das dificuldades mais recorrentes e elaboramos este material. Aqui está o produto final, preparado com muito carinho, para todas vocês.

Making a Difference

Sue Patton Thoele

One day in Hawai a ferocious storm washed hundreds of starfish ashore. A woman, on her morning walk, bent down every few steps to throw a starfish back into the sea. A man saw her and commented, "There are so many of the poor things it can't make any real difference for you to throw these few back." With a knowing smile, she tossed another starfish into the water and turning to the man said, "It made a difference to that one."

Esperamos que este livro faça diferença para você.

Sumário

Introdução / *Introduction*

Secretária, assessora, assistente, enfim, são tantas denominações, mas de uma coisa temos certeza: essa profissional desempenha um papel de enorme importância dentro das empresas. O que seria dos presidentes, executivos, gerentes e supervisores sem elas?

O papel da secretária – e aqui incluímos os profissionais do sexo masculino que hoje também atuam nessa área – está, a cada dia que passa, mais complexo. Há muito tempo a secretária deixou de ser aquela profissional que datilografava cartas e relatórios, organizava reuniões, atendia ao telefone, servia café e arquivava documentos. As funções da secretária moderna ampliaram-se muito. Hoje, elas devem gerir, controlar, capacitar e facilitar, dentre outras tarefas. A profissão passou a exigir conhecimento de diversas áreas: Informática, Contabilidade, Gestão de Pessoas e de Tempo, Marketing, Economia e, muitas vezes, noções de Psicologia. Um dos conhecimentos que se tornaram indispensáveis é o domínio da língua inglesa. No entanto, ela está sempre em movimento. Está sempre se adaptando às novas tendências deste mundo globalizado em que vivemos. Novos objetos são inventados, novos sistemas e ferramentas são criados – todos eles ensejando nova terminologia, quase sempre em língua inglesa. Por isso, não podemos, jamais, parar de estudar e de ampliar nossos conhecimentos linguísticos sobre esse idioma tão útil e fascinante.

Parece existir, contudo, por parte de muitas pessoas, certo medo do inglês. É como se seu aprendizado fosse algo difícil, longo, penoso, obtido apenas por meio de muitos sacrifícios. Isso, muitas vezes, ocorre devido ao fato de haver determinadas crenças relativas ao ensino de línguas que podem até inconscientemente, atrapalhar o aprendizado. São mitos que ouvimos aqui e ali, ao longo da vida, e que, na verdade, não têm base alguma. Vejamos alguns deles:

MITO 1

Para comunicar-se em inglês, é necessário ter estudado muitos anos e ter um nível de conhecimento avançado.

VERDADE 1

Situações diferentes requerem níveis diferentes de conhecimento. Jamais conseguiremos saber tudo, em idioma algum. Devemos procurar aprender o que é relevante para o bom desempenho de nossas atribuições diárias e necessidades.

MITO 2

Pessoas bem-sucedidas não cometem erros ao se expressar.

VERDADE 2

Falar corretamente é importante em qualquer língua, mas, mesmo presentes, os erros não devem constituir impedimento para a comunicação.

Lembre-se: os brasileiros cometem erros quando falam e escrevem em português, e os falantes de inglês fazem o mesmo quando se comunicam em inglês!

MITO 3

Meu sotaque é horrível. Quando falo, todos sabem que o inglês não é meu primeiro idioma.

VERDADE 3

Inglês é uma língua universal. Milhões de pessoas a utilizam para comunicação, e cada um carrega, em maior ou menor grau, seu sotaque. Sotaque não é problema. Problema é não pronunciar os sons e as palavras de forma correta.

MITO 4

Minha pronúncia é terrível, as pessoas não me entendem, e é impossível melhorar esse aspecto.

VERDADE 4

Pronúncia pode ser aprendida e melhorada com disciplina e persistência.

MITO 5

Para aprender inglês, é necessário morar fora do Brasil.

VERDADE 5

Para aprender inglês, é necessário reconhecer sua importância e estudar e praticar o idioma de formas diferentes, a fim de ampliar a exposição a ele. Quanto mais estudamos e praticamos, mais dominamos o idioma. *Practice makes perfect.*

Com o propósito de conseguirmos transitar pelo mundo corporativo com sucesso, devemos treinar o idioma nas mais variadas situações e usar o maior número de fontes possível. Assim, conseguiremos entender e nos fazer entender em diferentes cenários e situações.

Na verdade, não há segredo. É preciso estudar e cercar-se de inglês ao máximo. Tenha sempre um caderno para anotar palavras novas ou coisas que queira verificar mais tarde. Não deixe passar qualquer oportunidade para ampliar seu conhecimento. Veja, a seguir, algumas dicas de estudo:

- Tenha um objetivo claro. Quando iniciamos os estudos, é sempre interessante determinarmos o objetivo, ou seja, inglês para o vestibular, para viajar, para nossa profissão etc.
- Aprender um idioma demanda tempo e dedicação. É preciso ter em mente que não aprenderemos uma língua estrangeira em um semestre, como vemos em algumas propagandas por aí. Na verdade, o processo de aprendizagem é constante. Estamos sempre aprendendo algo novo, não é mesmo?
- Defina o método de ensino que mais se encaixa em seu estilo de vida. Prefere estudar em um curso ou com um professor particular? Prefere estudar com um grupo grande, um grupo pequeno ou individualmente?
- Procure, na medida do possível, desenvolver todas as habilidades linguísticas, ou seja, ler, escrever, ouvir e falar. De nada adiantará você entender o que falam, mas não poder responder.
- Nos apêndices deste livro, acessíveis em www.elsevier.com.br, você encontrará um questionário (SAS) que o ajudará a determinar seu estilo de aprendizagem. Responda às perguntas e veja que método funciona melhor para você.
- Não tenha medo de cometer erros, e faça revisões periódicas do que aprendeu.

Procure estar sempre em contato com a língua, lendo revistas, livros e sites de notícias na internet, ouvindo diferentes tipos de *podcasts*, filmes e noticiários, juntando-se a grupos que praticam o inglês em *happy hours* ou, ainda, fazendo cursos e estudando com um professor particular. As opções são várias, e o importante é que você continue se aperfeiçoando, atualizando seu inglês. Não o deixe cair no esquecimento ou terá dificuldades na prática. Boa sorte!

Gostaríamos de salientar, por fim, que este livro não tem como objetivo ensinar técnicas de secretariado, mas sim apresentar o inglês necessário ao desempenho das tarefas de uma secretária. Mantenha-o sempre ao seu alcance e consulte-o quando tiver alguma dúvida. Ele foi elaborado para facilitar o uso do inglês no dia a dia.

Cada capítulo trata de uma das tarefas que fazem parte do cotidiano da profissional. Dedicamos especial atenção ao capítulo que trata de ligações telefônicas, pois, em nossas pesquisas, essa foi a tarefa apontada como a mais difícil. No site www.elsevier.com.br, você encontrará o seguinte material complementar:

1. Avaliação para determinação de estilo de aprendizagem (SAS).
2. Expressões idiomáticas.
3. Falsos cognatos.
4. Tautologias.
5. Tabelas de conversões.
6. Lista de sites recomendados pelas autoras.
7. Respostas dos exercícios.
8. Transcrições dos diálogos.

"Tell me and I forget.
Teach me and I learn.
Involve me and I remember."

BENJAMIN FRANKLIN

CAPÍTULO 1

Pronúncia / *Pronunciation*

DIÁRIO DE UMA SECRETÁRIA

Meu *boss*, que é o *CEO* da empresa, me chamou em sua sala. Ele disse que queria fazer um *brainstorming* e um *briefing* do próximo *workshop* que iríamos organizar. Eu também precisaria preparar o *budget* para o evento.

POR QUE A PRONÚNCIA É IMPORTANTE?

Um dos aspectos mais difíceis, ao estudarmos um idioma estrangeiro, é a pronúncia dos diferentes sons. Precisamos aprender a produzir sons aos quais não estamos habituados em nossa língua materna.

Uma peculiaridade do idioma inglês é que ele não é fonético. Em outras palavras, não pronunciamos as palavras como são escritas. Vejamos, por exemplo, a sequência [ough]. Há seis maneiras diferentes de pronunciá-la.

1. *though*	*ough* similar ao [ou] de *go*
2. *through*	*ough* similar ao [u] de *you*
3. *cough*	*ough* similar ao [óf] de *off*
4. *rough*	*ough* similar ao [ûf] de *suffer*
5. *plough*	*ough* similar ao [áu] de *cow*
6. *ought*	*ough* similar ao [ó] de *thought*

Agora, você poderá se perguntar: Como saberei pronunciar essas palavras? Basicamente, há três maneiras. Verifique a pronúncia em um dicionário on-line em que seja possível ouvir a palavra, procure em um dicionário impresso os símbolos fonéticos correspondentes ou pergunte a alguém que domine o idioma.

É de grande importância aprender a pronunciar os sons de forma correta, para que possamos dizer exatamente o que queremos. Uma palavra mal pronunciada poderá significar outra e, assim, causar grandes problemas. Imagine se quisermos dizer, por exemplo, "navio" (*ship*) e dissermos "ovelha" (*sheep*). Se nossa intenção é dizer treze (*thirteen*) e dissermos trinta (*thirty*)! Que confusão!

Exemplo:

The computers will be transported by ship.

ship

or

sheep

Aprender a pronunciar os sons corretamente evitará problemas e nos deixará mais confiantes na hora de falar.

É importante, também, lembrarmos que há diferentes formas de pronunciar os mesmos sons. Assim como em português há diferentes sotaques, dependendo do país, do estado e até da cidade em que estejamos, no inglês ocorre o mesmo. Precisamos ter muita cautela antes de determinarmos se esta ou aquela maneira de pronunciar uma palavra é correta ou incorreta. Muitas vezes, haverá diferentes maneiras de se pronunciar a mesma palavra, o que dependerá de quem a pronuncia. Essa questão geográfica é chamada de sotaque. É preciso manter a mente bem aberta aos diferentes sotaques quando lidamos com o inglês.

Neste capítulo, abordaremos os sons que os brasileiros têm mais dificuldade de produzir.

O SOM DO "R"

De modo geral, o som do "r", em inglês, assemelha-se ao [r] produzido no interior do Paraná e de São Paulo, por exemplo:

caRne	fiRme	poRto	caRta

Em inglês, fica assim:

Result	*maRgin*	*membeR*
Reach	*insuRance*	*expoRteR*
React	*pRofit*	*contRolleR*
Routine	*taRget*	*employeR*

O SOM DO "H"

Em português, o "h" é mudo no início das palavras (hotel, hospital, hóspede). Já em inglês, é o oposto: o "h" é forte no início das palavras. Imagine que estamos segurando uma vela acesa em frente à nossa boca. Quando pronunciamos o [h], a vela deve apagar.

Hospital	*House*	*Host*
Here	*Him*	*Have*

Exceções: *hour, honor, honest.*

O SOM DO [TH]

O som [th] é um dos mais delicados, pois não existe nenhum parecido no idioma português.

Em primeiro lugar, é preciso compreender o que vem a ser um "[th] sem voz" e um "[th] com voz".

Um "[th] sem voz" é aquele em que não há vibração. Coloque a língua entre os dentes e assopre. Agora pronuncie o som de [s] mantendo a língua entre os dentes. Esse é o "[th] sem voz". Agora diga "*th*opa de ma*th*inha *th*em *th*al" (sopa de massinha sem sal).

THank, noTHing, THree, monTH

No "[th] com voz", há vibração. Pronuncie o som de [z], porém mantendo a língua entre os dentes.

THis, THey, oTHer, faTHer

O SOM DO [CH]

De modo geral, o som [ch] corresponde ao [tch] da palavra "**tch**au".

CHeap, reaCH, riCH, teaCH

Em algumas palavras que vieram de outras línguas, o **[ch]** é pronunciado como o som de **[sh]** em português.

moustaCHe maCHine

Nas palavras com origem grega, o [ch] tem o mesmo som que [q] em "**qu**ilo".

meCHanic arCHitecture

O SOM DO "X"

Em inglês, a letra "x" pode ser pronunciada de três formas diferentes.

1. O "x" pode ter som de [z], como na palavra "zero" em português.

Xerox Xylophone

2. O "x" pode ter som de [ks], como na palavra "táxi" em português.

neXt boX fiX

3. O "x" pode ter som de [gz], sem equivalência com o português.

eXam *eXample* *eXact*

O SOM DO "S" NO INÍCIO DAS PALAVRAS

Note que, em inglês, as palavras que iniciam com "s" + consoante não possuem o som do "e" antes do "s", como em português, e, portanto, sua pronúncia será do som da letra "s", e não [es].

Escola	*School*
Estação	*Station*
Estável	*Stable*
Estrutura	*Structure*
Estudante	*Student*

LETRA "E" NO FINAL DAS PALAVRAS

Em inglês, a letra "e" no final das palavras é muda. A palavra termina com o som da consoante que antecede o "e" final.

havE, *homE,* *officE,* *challengE,* *managE*

TERMINAÇÃO -*ED* NO PASSADO

Há três maneiras de pronunciar o *–ed* nos verbos regulares no passado.

[t] após sons "sem voz" ([f], [k], [p], [s], [ch], [sh], [th])	**[d]** após sons "com voz" ([b], [g], [j], [l], [m], [n], [r], [th], [v], [z])	**[id]** após [d] e [t]
looked, asked, watched, stopped	*filled, enjoyed, called, lived*	*needed, waited, dated, decided, ended*

Note que, ao pronunciar uma palavra que termina em *-ed*, a tonicidade jamais recairá sobre *-ed*, mas na primeira ou na segunda sílabas.

LETRAS "MUDAS"

"l" é geralmente mudo antes de "d", "f", "m" e "k".

shouLd, *haLf*, *caLm*, *taLk*, *waLk*

"p" é geralmente mudo antes de "s" e "n".

Psychiatrist, *Psychologist*, *Pneumonia*

"t" é geralmente mudo após "s".

casTle, *fasTen*, *lisTen*

SONS SIMILARES

Algumas palavras apresentam sons bastante similares. É preciso ter muito cuidado para evitarmos grandes confusões. Veja alguns exemplos.

A.

shIp (navio)	X	*shEEp* (ovelha)
lIve (viver)	X	*lEAve* (sair, deixar)
fIll (encher)	X	*fEEl* (sentir)
thIs (este,esta)	X	*thEse*(estes, estas)

O som do "i" é mais fechado, ou seja, mais curto, enquanto o [ee] e o [ea] são mais abertos.

B.

mAn (homem)	X	*mEn* (homens)
pAn (panela)	X	*pEn* (caneta)
bAd (ruim, mau)	X	*bEd* (cama)
sAd (triste)	X	*sAId* (disse)

O som do "a" é mais aberto do que o som do [e] ou [ai].

C.

bIll (conta)	X	*bEll* (sino)
fIll (encher)	X	*fEll* (caiu)
wrIst (punho)	X	*rEst* (descansar)

O som do "i" é [i], enquanto o som do "e" é [é].

SUBSTANTIVOS X VERBOS

A mesma palavra pode ser um substantivo em uma frase e um verbo em outra. Nesses casos, a pronúncia se altera. Nos substantivos com duas sílabas, a tonicidade (acento) recai, em geral, na primeira sílaba, e, nos verbos com duas sílabas, a tonicidade costuma recair na segunda sílaba.

SUBSTANTIVO	VERBO
PROgress	ProGRESS
PREsent	PreSENT
REcord	ReCORD
CONtract	ConTRACT

"It is not the strongest of the species that survive, nor the most intelligent, but the one most responsive to change."

CHARLES DARWIN

CAPÍTULO 2

Gramática / *Grammar*

DIÁRIO DE UMA SECRETÁRIA

Em primeiro lugar, teríamos uma *video conference* na segunda-feira e uma *phone conference* na quinta-feira. Eu precisaria *brifar* o restante do pessoal do *team*, terminar o *report* e, finalmente, enviá-lo para o *controller* e o *manager*.

Ele pediu para eu organizar tudo *ASAP* e dar um *start* em todos os preparativos.

Apresentamos, a seguir, as estruturas básicas da língua necessárias às atividades propostas neste livro. Salientamos que este não é um livro de gramática e, para estruturas mais complexas, os leitores deverão consultar as inúmeras obras gramaticais disponíveis no mercado.

PRONOMES/*PRONOUNS*

RETO		OBLÍQUO	POSSESSIVO		REFLEXIVO
Singular					
1ª p	I	me	my	mine	myself
2ª p	you	you	your	yours	yourself
3ª p	he	him	his	his	himself
	she	her	her	hers	herself
	it	it	its	its	itself
Plural					
1ª p	we	us	our	ours	ourselves
2ª p	you	you	your	yours	yourselves
3ª p	they	them	their	theirs	themselves

PRONOMES PESSOAIS RETOS/*PERSONAL PRONOUNS*

São usados como sujeitos da oração. O pronome *I* é sempre escrito com letra maiúscula.

Exemplo:

I am a personal assistant.

PRONOMES OBLÍQUOS/*OBJECT PRONOUNS*

Os pronomes oblíquos são usados em duas situações:

COMO OBJETO DIRETO

Exemplo:

She finished it.

COMO OBJETO INDIRETO PREPOSICIONADO

Exemplo:

He looked at him.

PRONOMES POSSESSIVOS/*POSSESSIVE PRONOUNS*

Correspondem aos pronomes pessoais e indicam posse.

Exemplo:

My computer is new. The computer is mine.

PRONOMES REFLEXIVOS/*REFLEXIVE PRONOUNS*

Referem-se a quem executa a ação.
Exemplo:

She finished the report by herself.

PRONOMES DEMONSTRATIVOS/*DEMONSTRATIVE PRONOUNS*

PRONOME DEMONSTRATIVO	NÚMERO	DISTÂNCIA	EXEMPLOS
This	Singular	Perto	I read **this newspaper** every day.
That	Singular	Longe	I visited **that company**.
These	Plural	Perto	I examined **these contracts**.
Those	Plural	Longe	I selected **those candidates**.

VERBO SER; ESTAR/*VERB TO BE*

PRESENTE

AFIRMATIVO/ *AFFIRMATIVE*	NEGATIVO/ *NEGATIVE*	INTERROGATIVO/ *INTERROGATIVE*
I am	I am not	Am I?
You are	You are not/You aren't	Are you?
He, she, it is	He, she, it is not/He, she, it isn't	Is he, she, it?
We are	We are not/We aren't	Are we?
You are	You are not/You aren't	Are you?
They are	They are not/They aren't	Are they?

PASSADO

AFIRMATIVO/ *AFFIRMATIVE*	NEGATIVO/ *NEGATIVE*	INTERROGATIVO/ *INTERROGATIVE*
I was	I was not	Was I?
You were	You were not/You weren't	Were you?
He, she, it was	He, she, it was not/He, she, it wasn't	Was he, she, it?
We were	We were not/We weren't	Were we?
You were	You were not/You weren't	Were you?
They were	They were not/They weren't	Were they?

TEMPOS VERBAIS/*VERB TENSES*

O PRESENTE/*THE PRESENT*

Para falarmos de nossas rotinas e de fatos, usamos sempre o tempo presente, ou seja, o *Simple Present.*

FORMA AFIRMATIVA

Exemplos:

I wake up at 7 o'clock.
You take the bus.
We work at Mendes & Castro.
They usually reply my e-mails.

Lembre-se de que *he, she,* e *it,* as terceiras pessoas do singular, levam um "s" no final do verbo:

He wakes up really early.
She takes the bus every day.
It never rains in California.

FORMA NEGATIVA

Usaremos dois tipos de auxiliares. Um é o *don't,* que acompanha *I, you, we* e *they*. O outro é o *doesn't,* que acompanha *he, she* e *it,* terceiras pessoas do singular. Lembra-se do "s"? Tenha muita atenção, pois, quando usamos o *doesn't,* o verbo principal não leva mais o "s".

Exemplos:

I don't wake up at 7 o'clock.
You don't take the bus.
We don't work at Mendes & Castro.
They don't reply my e-mails.

He doesn't wake up early.
She doesn't take the bus to work.
It doesn't rain here very much.

FORMA INTERROGATIVA

Para elaborarmos perguntas referentes ao presente, usamos os verbos auxiliares *do/don't* para *I, you, we* e *they* e *does/doesn't* para *he, she* e *it.*

OBS. Para a forma interrogativa, consulte o item "Como elaborar perguntas" deste capítulo.

Para falarmos de coisas que estão acontecendo agora, ou seja, neste momento, usamos o *Present Continuous/Progressive.* Ele é formado pelo *verb to be* + o verbo principal no gerúndio, ou seja, acrescido de *-ing.*

FORMA AFIRMATIVA:

*I am hav**ing** lunch at the moment.*
*You are dial**ing** the wrong number.*
*She's speak**ing** on the phone now.*
We are expanding our business.

FORMA NEGATIVA

Usa-se o verbo to be na forma negativa:

I'm not using my computer.
You aren't listening to me.
He isn't preparing a presentation.
They aren't complaining about anything.

OBS. Para a forma interrogativa, consulte o item "Como elaborar perguntas" deste capítulo.

O PASSADO/*THE PAST*

Para falarmos sobre atividades ou fatos que aconteceram em um passado definido, isto é, ao dizermos "quando" a ação aconteceu, usamos o *Simple Past*.

FORMA AFIRMATIVA

Usam-se os verbos (regulares e irregulares) no passado.

Exemplos:

I went to work at 9 a.m. yesterday.
I took a cab this morning.
I arrived very late at the meeting last Friday.

FORMA NEGATIVA

Usa-se o auxiliar do passado simples *did*, e o verbo principal volta à forma original.

Exemplos:

I didn't go to work yesterday.
I didn't take a cab last week.
I didn't arrive very late at the meeting last Friday.

FORMA INTERROGATIVA

Para elaborarmos perguntas referentes ao passado, usamos o verbo auxiliar *did*.

OBS. Para a forma interrogativa, consulte o item "Como elaborar perguntas" deste capítulo.

Atenção: É preciso ter cuidado com os verbos no passado em inglês. Os verbos regulares terminam em *-ed*. Os verbos irregulares não. Veja o quadro de verbos irregulares no final do livro.

Nas formas negativa e interrogativa do passado, o auxiliar fica no passado, e o verbo principal não se altera.

Exemplo: *I didn't read the report. Did you read the report?*

Para falarmos de ações que estavam acontecendo em um momento passado, usamos o *Past Continuous/Progressive*. Ele é formado pelo verb to be no passado + o verbo principal no gerúndio, ou seja, acrescido de *-ing*.

FORMA AFIRMATIVA:

*I was hav**ing** lunch at the moment he arrived.*
*You were dial**ing** the wrong number.*
*She was speak**ing** on the phone with Mr. Simpson.*

FORMA NEGATIVA

Usa-se o verbo to be na forma negativa:

I was not using my computer.
You weren't listening to me.
He wasn't preparing a presentation.
They weren't complaining about anything.

OBS. Para a forma interrogativa, consulte o item "Como elaborar perguntas" deste capítulo.

O FUTURO/*THE FUTURE*

Existem, em inglês, três tipos de futuro:

WILL

Quando você promete que fará alguma coisa.
Exemplo:

I will (I'll) call you tomorrow.

Quando você se oferece para fazer alguma coisa.
Exemplo:

I'll get the phone, don't worry.

Quando você decide fazer algo.

We'll take the 5 p.m. train.

FORMA AFIRMATIVA

Exemplos:

I'll put you through.
I'll give him your message.

FORMA NEGATIVA

Usa-se o *will* + *not* ou a forma contraída *won't*.

Exemplos:

She won't be here tomorrow morning.

David won't attend the meeting next week.

FORMA INTERROGATIVA

OBS. Para a forma interrogativa, consulte o item "Como elaborar perguntas" deste capítulo.

GOING TO

Usa-se para falar de planos futuros e previsões. É formado com o verbo *to be* + *going to* + *verb*.

FORMA AFIRMATIVA

Exemplos:

He's going to work on Project Alpha.

The manager is going to deliver a presentation next Monday.

FORMA NEGATIVA

Faz-se a negação do verbo *to be*.

Exemplos:

Mario isn't going to work for IBM.

The Director isn't going to work next month.

FORMA INTERROGATIVA

OBS. Para a forma interrogativa, consulte o item "Como elaborar perguntas" deste capítulo.

PRESENT CONTINUOUS

Também é utilizado para falar de planos num futuro próximo. É formado com o verbo *to be* + verbo no gerúndio (*-ing*).

FORMA AFIRMATIVA

Exemplos:

The Director is meeting Mrs. Sims next week.

They are all having dinner after work.

FORMA NEGATIVA

Faz-se a negação do verbo *to be*.

Exemplos:

We aren't having that meeting tomorrow.
They aren't opening a new branch in São Paulo next week.

FORMA INTERROGATIVA

OBS. Para a forma interrogativa, consulte o item "Como elaborar perguntas" deste capítulo.

O AUXILIAR *WOULD*/*THE AUXILIARY WOULD*

Como já vimos, para expressarmos o futuro, podemos usar o auxiliar *will*. Bem, para expressarmos uma condição, temos o verbo auxiliar *would*. Em português, é o que chamamos de "futuro do pretérito". Por exemplo:

Eu gostaria.	→	*I would like.*
Eu iria.	→	*I would go.*
Ele faria.	→	*He would do.*

O *would* é geralmente usado em sua forma contraída (*'d*). Por exemplo:

Eu gostaria.	→	*I'd like.*
Ela escreveria.	→	*She'd write.*
Eles começariam.	→	*They'd start.*

FORMA AFIRMATIVA

Exemplos:

I'd like to speak to Mr. Robinson.
You'd arrive there at 5 p.m.
They'd like to take the 3 p.m. flight.

FORMA NEGATIVA

Acrescenta-se o *not* ao *would* ou à forma contraída (*'d*)

Exemplos:

I would not like to see Mr. Peterson now.
I wouldn't like to see Mr. Peterson now.

FORMA INTERROGATIVA

OBS. Para a forma interrogativa, consulte o item "Como elaborar perguntas" deste capítulo.

COMO EXPRESSAR A EXISTÊNCIA DE ALGO/*THERE IS; THERE ARE*

Quando queremos indicar posse, usamos o verbo *have*.

Exemplo:

We have two offices in New York.
I have a new computer.

Quando queremos indicar a existência de algo, nunca usamos o verbo *have*; usamos *there is* para o singular e *there are* para o plural.

Exemplo:

There is a new computer in my office.
There are two new computers in my office.

FORMA AFIRMATIVA

Exemplos:

There is a coffee shop in this building.
There are 3 banks on this street.

FORMA NEGATIVA

Para dizer que não existe algo, acrescenta-se *no* ou *not* depois de *is* ou *are*.

Exemplos:

There are no coffee shops in this building.
There are not 3 banks on this street.

FORMA INTERROGATIVA

Para perguntar se há algo em algum lugar, troca-se a ordem das palavras.

Exemplos:

Is there a coffee shop in this building?
Are there 3 banks on this street?

No passado, usa-se *there was* para o singular e *there were* para o plural.

FORMA AFIRMATIVA

Exemplos:

There was a coffee shop in this building.
There were 3 banks on this street.

FORMA NEGATIVA

Para dizer que não existe algo, acrescenta-se *no* ou *not* depois de *was* ou *were*.

Exemplos:

There were no coffee shops in this building.
There were not 3 banks on this street.

FORMA INTERROGATIVA

Para perguntar se havia algo em algum lugar, troca-se a ordem das palavras.

Exemplos:

Was there a coffee shop in this building?
Were there 3 banks on this street?

VERBOS MODAIS/*MODAL VERBS*

Os verbos modais são auxiliares. Sua função é alterar ou complementar o verbo principal. Eles sempre acompanham o verbo principal e, sozinhos, não têm sentido algum. Os verbos modais podem expressar conceitos de habilidade, possibilidade, obrigação, probabilidade, dedução, permissão, solicitação, oferta e sugestão. É preciso lembrar que um verbo modal poderá expressar mais que um conceito.

Exemplos:

Can: *I can speak English.* (habilidade)
She can start today. (permissão)

Por outro lado, um conceito poderá ser expresso através de diferentes verbos modais.

Exemplos:

Should: *You should study.* (conselho)
We should protect the animals. (obrigação moral)

Apresentaremos, a seguir, os verbos modais básicos necessários para o desempenho das atividades propostas neste livro.

Can	1. Habilidade 2. Pedido 3. Oferta 4. Permissão 5. Dedução	*1. I can speak English.* *2. Can you open the door?* *3. Can I help you?* *4. You can start.* *5. He can't be the manager!*
Could	1. Habilidade (Passado de *can*) 2. Permissão 3. Solicitação	*1. I could ski.* *2. Could I open the window?* *3. Could you speak slower?*
Have to	Obrigação	*We have to finish the report today.*
May	1. Permissão 2. Solicitação 3. Probabilidade	*1. You may start.* *2. May I speak with you?* *3. It may rain this afternoon.*
Might	Possibilidade	*I might attend the congress.*
Must	1. Obrigação 2. Necessidade 3. Dedução	*1. You must travel tomorrow.* *2. You must take this medicine.* *3. He must be the CEO.*
Shall	Convite	*Shall we begin the meeting?*
Should	1. Conselho 2. Dever (moral)	*1. You should study English.* *2. We should protect the animals.*

OBSERVAÇÕES IMPORTANTES

Os verbos modais não existem na forma infinitiva, ou seja, não são precedidos pela partícula *to* nem seguidos por ela, com exceção de *have to.*

Exemplos:

He might come to the meeting.

You have to pay more attention next time.

Os verbos modais não necessitam de outros verbos auxiliares para as formas interrogativas e negativas.

Exemplos:

May I speak to you?

I could not call my assistant.

Os verbos modais têm a mesma forma para todos os sujeitos; também não podem ser usados nos *Progressive/Continuous Tenses* e não formam passado com *–ed.*

Exemplos:

I must go.

She must go.

Podem ser acompanhados pelo auxiliar *be,* frequentemente seguido de gerúndio, expressando tempo presente ou futuro, ou pelo auxiliar *have* seguido de particípio, expressando tempo passado.

Exemplos:

They may be calling us tomorrow.

He must have already finished.

Nas orações negativas, acrescenta-se *not* logo após o verbo modal.

Exemplos:

It may not be cold during the seminar week.

She could not leave the office until 10 p.m.

COMO ELABORAR PERGUNTAS/*HOW TO MAKE QUESTIONS*

A formação de perguntas, em inglês, exige um pouco de atenção, já que devemos usar os verbos auxiliares para formar as perguntas (e as negativas), indicando o tempo verbal no qual a ação está transcorrendo.

OS VERBOS AUXILIARES SÃO:

Do/Does	Presente
Did	Passado
Will	Futuro
Going to	Futuro
Would	Condicional

Have	Presente perfeito
Had	Passado perfeito

Existem alguns verbos, porém, que não necessitam de auxiliares nas negativas e nas perguntas. Quais são eles?

Nosso famoso verbo *to be* e os *modal verbs* (*can, could, should, must, may* e *might*). Portanto, nada de dizer *"he doesn't is"* ou *"I don't can"*. Não. O correto é *"he isn't"*, *"I can't"* etc.

Então, revendo:

- Se a pergunta utilizar o verbo *to be* ou um *modal verb*, não é necessário utilizar nenhum verbo auxiliar.
- Se a pergunta utilizar outros verbos, então precisaremos utilizar auxiliares.

Veja nos quadros a seguir como fica a ordem dos elementos nas perguntas:

VERBO *TO BE*

TO BE	SUJEITO	COMPLEMENTO
Is	*he*	*busy?*
Are	*you*	*a manager?*
Were	*the teams*	*happy about the trip?*

VERBOS AUXILIARES

AUXILIAR	SUJEITO	VERBO	COMPLEMENTO
Do	*you*	*like*	*Porto Alegre?*
Does	*she*	*come*	*here every day?*
Did	*they*	*talk*	*to you?*
Will	*the country*	*recover*	*from...?*
Would	*you*	*commute*	*if you had to?*
Have	*you*	*seen*	*that movie?*
Has	*the meeting*	*started*	*yet?*
Had	*the CEO*	*arrived*	*when he called?*

Atenção: Lembramos que, para estruturas interrogativas em outros tempos verbais, os leitores deverão consultar as inúmeras obras gramaticais disponíveis no mercado.

VERBO *TO BE* + *GOING TO*

TO BE	SUJEITO	GOING TO	VERBO
Are	*you*	*going to*	*travel?*
Were	*the supervisors*	*going to*	*stay long?*
Is	*she*	*going to*	*come?*

VERBO *TO BE CONTINUOUS*

TO BE	SUJEITO	VERBO	COMPLEMENTO
Are	*you*	*speaking*	*on the phone?*
Is	*he*	*coming*	*tomorrow?*
Was	*the phone*	*ringing*	*when you arrived?*

MODAL VERBS

MODAL VERB	SUBJECT	VERB + COMPLEMENT
Can	*you*	*do me a favor?*
Should	*we*	*talk to him?*
Must	*the company*	*pay now?*

Nem todas as perguntas são respondidas com "sim" ou "não". Algumas perguntas pedem informações, e nesses casos, devemos usar as *question words*.

Who	Quem
What	O que / qual
Where	Onde
When	Quando
Why	Por que?
How	Como
Which	Quais

Observe que as *question words* são colocadas no início da frase, antes do auxiliar. A ordem dos outros elementos permanece a mesma.

WH WORD	AUXILIAR	SUJEITO	VERBO	COMPLEMENTO
Who	*do*	*you*	*prefer*	*to call?*
Why	*did*	*they*	*cancel*	*the meeting?*
How	*will*	*he*	*arrive*	*at the airport?*

WH WORD	TO BE	SUJEITO	COMPLEMENTO
What	*is*	*your transfer number?*	
When	*are*	*you*	*traveling to New York?*
Where	*is*	*she*	*leaving the file?*

Quando as *question words* forem o sujeito da frase, não usaremos auxiliar:

SUJEITO	VERBO	COMPLEMENTO
Who	*called*	*the office?*
What	*delayed*	*the delivery?*
What	*happened*	*yesterday?*

PREPOSIÇÕES/*PREPOSITIONS*

Há mais de cem preposições em inglês. Porém, estudaremos apenas três: *in*, *on* e *at*.

IN +

Meses	*The meeting will be in February.*
Anos	*The company opened in 1976.*
Estações do ano	*They prefer to travel in the summer.*
Cidades	*The head office is in Porto Alegre.*
Estados	*The factory is in São Paulo.*
Países	*We have branches in France and Japan.*
Continentes	*We have offices in Europe and in Asia.*
Partes do dia	*Let's meet in the morning.*
Final de semana	*I don't work in the weekend. (AmE)**

* Inglês norte-americano

Atenção: Dizemos *in the morning*, *in the afternoon* ou *in the evening*, mas *at night* e *at noon*.

ON +

Dias da semana	*I don't work on Mondays.*
Datas	*The meeting is on June 10th.*
Feriados	*We will close on Christmas and on Easter.*
Ruas	*She lives on State St.*
Partes do dia	*On the afternoon of the 12th.*

Atenção: É possível usar *on* com partes do dia quando for seguida de informação adicional. Exemplo: *On the morning of the 21st.*

AT +

Horas	*I'll meet you at 9 a.m.*
Lugares	*We'll meet at the airport.*
Final de semana	*I don't work at the weekend. (BrE)**
Endereços	*Meet me at 123 Woodcrest Rd.*

* Inglês britânico

Se uma preposição for seguida por um verbo, ele deverá terminar com *–ing*. *Preposition + ing.*

Exemplos:

Are you interested in presenting the plan?
I'm not very good at speaking in public.
You can improve your English by reading more.

COMPARATIVOS E SUPERLATIVOS/ *COMPARATIVES* AND SUPERLATIVES

COMPARATIVOS/*COMPARATIVES*

Dois substantivos adjetivados podem ser comparados.

Em geral, acrescenta-se *–er* ao adjetivo.

Exemplos:

This room is bigger.
That table is smaller.

Nos adjetivos com mais de duas sílabas, usamos *more*.

Exemplos:

This material is more interesting.
These chairs are more comfortable.

Alguns adjetivos são irregulares:

Exemplos:

Good/Well	*Better*
Bad	*Worse*
Far	*Farther/Further*

Quando queremos mencionar tudo que está sendo comparado, devemos utilizar a palavra than, que significa "do que".

Exemplos:

This room is bigger than that room.
That table is smaller than this one.
This material is more interesting than that material.
These chairs are more comfortable than those.
These departments are smaller than those.

SUPERLATIVOS/*SUPERLATIVES*

Para expressarmos o superlativo, acrescentamos *the* + *–est* aos adjetivos com até duas sílabas.

Exemplos:

The biggest industry.
The smallest account.

Acrescente *the most* aos adjetivos com mais de duas sílabas.

Exemplos:

The most important position.
The most demanding position.

Alguns superlativos são irregulares:

Exemplos:

Good/Well	*The best*
Bad	*The worst*
Far	*The farthest/The furthest*

PHRASAL VERBS

Os *phrasal verbs* são verbos seguidos de preposições ou advérbios. São, geralmente, compostos de duas ou três palavras. Essa combinação resulta em uma expressão que não pode ser traduzida de forma literal, pois o sentido não será o mesmo.

Exemplos:

Figure out = *understand* (descobrir, compreender)

I can't figure out how to organize the material.
Eu não consigo descobrir como organizar esse material.

Get rid of = *to eliminate* (eliminar)

They must find a way to get rid of the excess waste.
Eles devem encontrar um meio de eliminar o excesso de resíduo.

Existem muitos livros que contêm listas imensas de *phrasal verbs*. Veja, a seguir, uma lista com as mais usadas no mundo dos negócios.

PHRASAL VERB	DEFINITION	EXAMPLE
Account for	Explain	*You must account for all the expenses.*
Apply for	To make a formal request	*I applied for the position in the company.*
Back up	To give support	*The company backed me up in my project.*
Boil down to	To summarize	*It all boils down to the profit percentage.*
Call off	Cancel	*The meeting was called off.*
Carry on	Continue	*I must leave now, but please carry on with the meeting.*
Carry out	To do	*The team must carry out as planned.*
Close down	Stop operating	*After operating for 20 years, the factory closed down.*
Count on	Depend on	*I count on my team to reach the final numbers.*
Deal with	Handle	*You must learn to deal with difficult clients.*

PHRASAL VERB	DEFINITION	EXAMPLE
Do without	Manage without	*We still don't have the final figures, so you'll have to do without them.*
End up	Reach a state, place or action	*If you don't pay more attention, you'll end up without a job.*
Figure out	Understand	*We need to figure out how to operate the system.*
Fill out	Complete a form	*Please fill out this application and leave it on the desk.*
Get along with	To have a good relation	*The team members must learn to get along with each other.*
Get over	Recover from something	*Let's get over the bad phase and begin again.*
Get rid of	Eliminate	*They need to get rid of the old furniture.*
Give up	Stop doing something	*Don't give up. Keep on trying!*
Hand in	Submit	*Please hand in your reports until 5 pm today.*
Hand out	Distribute	*The assistant will hand out the forms.*
Hold on	Wait	*Hold on! I will help you in ten minutes.*
Hurry up	Be fast	*Hurry up! The meeting will begin in 30 minutes!*
Keep up with	Stay at the same level	*We must keep up with our competitors.*
Kick off	Start	*We'll kick off the new project on Monday.*
Look after	Take care of	*Please look after the new employees.*
Look ahead	Think of the future	*We need to look ahead and try to predict what might happen.*
Look forward to	Wait with pleasure.	*I look forward to meeting you soon.*

PHRASAL VERB	DEFINITION	EXAMPLE
Look up to	Admire	*She really looks up to the manager.*
Mix up	Mistake things or people for others	*I don't know everyone's names. I always mix them up.*
Note down	Write something	*I'll note down the main points.*
Pay back	Reimburse	*The company will pay back all the expenses.*
Put off	Postpone	*The meeting was put off.*
Pick up	Collect	*I'll pick up the group at the airport.*
Rely on	Depend on	*We rely on the suppliers.*
Rule out	Eliminate	*They should rule out the late payers.*
Run out of	To have no more	*They ran out of supplies.*
Set up	Start	*They set up their business in 1986.*
Stick up for	Defend	*He really sticks up for his team.*
Take on	Hire	*We need to take on new salespeople.*
Think over	Consider	*Please think the project over.*
Turn down	Refuse	*They turned down the proposal.*
Use up	Finish a product	*They used up all the sheets.*
Watch out	Be careful	*Watch out with the competitors!*
Wipe off	Clean	*Please ask the lady to wipe off the tables.*

*When I born, I black**

Nominated by the UN as the best Poem of 2006
Written by an African child

When I born, I black
When I grow up, I black
When I go in Sun, I black
When I scared, I black
When I sick, I black
And when I die, I still black

And you white fellow
When you born, you pink
When you grow up, you white
When you go in sun, you red
When you cold, you blue
When you scared, you yellow
When you sick, you green
And when you die, you gray

And you calling me colored?

"All things are difficult before they are easy."

THOMAS FULLER

* Este poema está gramaticalmente incorreto. Sua beleza, porém, transcende qualquer regra gramatical.

VERIFIQUE SEU PROGRESSO/*CHECK YOUR PROGRESS*

1 Combine as colunas:

a. Joanna is talking to Mr. Carter.
b. They are sending the letters to the managers.
c. Mary is thinking about her own problems.
d. Give Peter this message.
e. Ask Sarah to come here.

( ) Ask her to come.
( ) She's thinking to herself.
( ) Give it to him.
( ) She's talking to his.
( ) She's talking to him.
( ) They are sending them.

2 Coloque as palavras em ordem.

a. time what it is? ______________________
b. you would to talk you like who to? ______________________
c. I help may you? ______________________
d. is available Mr. Charter when? ______________________
e. should I to this e-mail send who? ______________________
f. come could to office my you now? ______________________
g. can see I when the manager? ______________________
h. speak her going to you are to? ______________________

3 Encontre o erro nas seguintes frases.

a. There is many e-mails in my mail box.
b. You can go in. The manager waiting for you.
c. There are many people in the room?
d. Do you talk to the President yesterday?
e. You should to call him.
f. I don't work in Saturdays.
g. Do you like some coffee?
h. They will meet in the airport.

4 Use a preposição correta.

a. I live ____ 39, Oak St.

b. Dany works ____ Microsoft.

c. The plant is open ____ Monday ____ Saturday.

d. They don't open ____ Fridays.

e. She is ____ India right now.

f. She says she doesn't like to go out ____ night

g. The congress will happen ____ the spring.

h. He works ____ sales.

5 Escolha a forma correta.

a. The train is much *faster/fastest* than the bus.

b. Mr. Spencer will arrive *later/latest* than expected.

c. *Higher/highest* prices are expected this season.

d. She is considered the *more/most* promising employee.

e. He was *the more demanding/the most demanding* president we've ever had.

f. I believe Mt. Everest is *the higher/the highest* mountain in the world.

g. This is *better/well* than I thought.

h. The meeting will start *later/latest*.

6 Escolha o *phrasal verb* mais adequado a cada frase.

a. I'm sorry but we'll have to ______ the meeting.	( ) applied for
b. The secretary will ______ at the airport tomorrow.	( ) taking on
c. Please, ______ this form, sir.	( ) call off
d. You need to ______ the report by Thursday.	( ) look forward
e. I ______ to meeting you soon.	( ) deal with
f. The company is ______ new people.	( ) pick you up
g. It isn't easy to ______ with difficult clients.	( ) fill out
h. Thirty people ______ the position.	( ) hand in

CAPÍTULO 3

Reuniões / *Meetings*

DIÁRIO DE UMA SECRETÁRIA

Seria preciso enviar um *e-mail* para o *staff* solicitando que enviassem um *fax* de seus *badges* e preparar o texto de *marketing* para ser divulgado. Enquanto eu preparava o texto, tive de *deletar* várias frases antes de *printar* o *paper*. Como havia uma série de expressões que eu desconhecia, eu as *googliei* e então ficou tudo *OK*.

Uma das atribuições de uma secretária é a organização de reuniões, que podem contemplar duas pessoas ou dezenas de pessoas. As reuniões são agendadas por diversos motivos e envolvem somente colaboradores internos ou, então, convidados de outras empresas e de outros países.

É preciso prestar muita atenção a todos os detalhes, pois uma reunião mal planejada poderá trazer consequências desastrosas para a empresa e, consequentemente, para você.

Neste capítulo, apresentamos o conteúdo essencial para organizar reuniões, e não para tomar parte nelas.

Exemplos de agendamento, transferência e cancelamento de reuniões podem ser encontrados nos capítulos "Contatos telefônicos" e "Comunicação por escrito".

VOCABULÁRIO BÁSICO/*BASIC VOCABULARY*

Ação	*Share*
Acionista	*Shareholder*
Adiar	*To postpone*
Adaptador	*Adaptor*
Agenda (controle de compromissos)	*Planner*
Agenda (horário)	*Schedule*
Alocar	*To allocate*
Alto-falantes	*Loudspeakers*
Anúncio	*Announcement*
Apoiar	*To second*
Ata	*Minutes*
Auditar	*Audit*
Auditoria	*Auditing*
Auditório	*Auditorium*
Reunião de diretoria	*Board meeting*
Brindes	*Corporate gift*
Cancelar uma reunião	*Cancel a meeting*
Conselho administrativo	*Board of directors*
Cartão de visita	*Business card*
Chamada em conferência; conferência telefônica	*Conference call*
Competição	*Competition*

Conduzir	*To conduct*
Conversa informal	*Small talk*
Copiadora	*Photocopier*
Crachá	*Name tag; badge*
Desafio	*Challenge*
Data show	*Data show*
Desempenho	*Performance*
Diretor-superintendente	*Chief Executive Officer (CEO)*
Diretoria	*Board of directors*
Diretriz	*Guideline*
Encerramento	*Adjournment; closing*
Escritório central	*Head/Main office*
Filial	*Branch*
Flip-chart	*Flip chart*
Fones de ouvido	*Headsets*
Grupo	*Group; party*
Impressora	*Printer*
Instalações de cozinha	*Kitchen facilities*
Intervalo para café	*Coffee break*
Lista de tópicos que serão discutidos	*Agenda*
Local	*Venue; place*
Lucro	*Profit*
Maioria	*Majority*
Marcador para quadro branco	*Markers*
Marcar uma reunião	*Set; schedule a meeting*
Matriz	*Headquarters*
Microfone	*Microphone*

Participantes	*Participants*
Participar	*To attend*
Perda	*Loss*
Polígrafos	*Handouts*
Presidente	*Chairman*
Projetor	*Overhead projector*
Propor	*To propose*
Proposta	*Proposal*
Quadro branco	*White board*
Rascunho; Rascunhar	*Draft; to draft*
Recepção	*Reception*
Relatório	*Report*
Renunciar	*To resign*
Reservar	*To book*
Reunião geral anual	*Annual general meeting A.G.M.*
Sala de conferência	*Conference room*
Sala de reuniões	*Meeting room; boardroom*
Sanitários	*Restrooms*
Taxa	*Rate*
Tela	*Screen*
Terceirizar	*To outsource*
Transferir uma reunião	*To transfer; postpone a meeting*
Vice-presidente	*Vice-chairman*
Viva voz	*Speaker phone*
Vídeo conferência	*Videoconference*
Votar	*To vote*

UTILIZANDO EQUIPAMENTOS/*USING EQUIPMENT*

Abrir	*To open*
Apertar	*To press*
Aumentar volume	*To turn up*
Botão	*Button*
Colocar	*To put in*
Desligar	*To turn off*
Diminuir volume	*To turn down*
Escolher	*To choose*
Fechar	*To close*
Girar	*To turn*
Ligar	*To turn on*

DIAS DA SEMANA/*DAYS OF THE WEEK*

Domingo	*Sunday* [sãndei][1]
Segunda-feira	*Monday* [mandei][2]
Terça-feira	*Tuesday* [túsdei][3]
Quarta-feira	*Wednesday* [uênsdei][4]
Quinta-feira	*Thursday* [thãrsdei][5]
Sexta-feira	*Friday* [fráidei][6]
Sábado	*Saturday* [sáturdei][7]

[1] *Dia do sol. Dia de ir ao parque.*
[2] 'Mãndei' *meu corpo levantar-se e ir para o trabalho.*
[3] O segundo dia útil da semana. Associar ao número *two*.
[4] *When's the day?* Lembra *Wednesday*.
[5] Thank God it's almost *Friday*! *Thank* começa com "Th" assim como *Thursday*.
[6] Sexta é dia de festa e festa começa com "f" de *Friday*.
[7] Tanto sábado quando *Saturday* começam com "sa".

Atenção: Em inglês, os dias da semana começam sempre com letra maiúscula.

ALGUMAS EXPRESSÕES DE TEMPO/*TIME EXPRESSIONS*

Manhã; esta manhã	*Morning; this morning*
Tarde; esta tarde	*Afternoon; this afternoon*
Noite; esta noite	*Night; tonight*
Hoje	*Today*
Amanhã	*Tomorrow*
Depois de amanhã	*The day after tomorrow*
Ontem	*Yesterday*
Anteontem	*The day before yesterday*
Dia sim, dia não; mês sim, mês não	*Every other day; every other month*
Há poucos minutos; pouco tempo atrás	*Minutes ago; moments ago*
Mês passado; semana passada	*Last month; last week*
Próxima semana; próximo mês	*Next week; next month*

MESES/*MONTHS*

Janeiro	*January*
Fevereiro	*February*
Março	*March*
Abril	*April*
Maio	*May*
Junho	*June*
Julho	*July*
Agosto	*August*
Setembro	*September*
Outubro	*October*
Novembro	*November*
Dezembro	*December*

Atenção: Em inglês, os meses também começam com letra maiúscula.

HORA/*TIME*

USO DE "a.m." E "p.m."

Alguns países não adotam o sistema de 24 horas usado, por exemplo, no Brasil. Tais países utilizam o sistema de 12 horas e, para distinguir o dia da noite, usam o sistema "a.m." e "p.m."

Tecnicamente, "a.m." (*ante meridiem*) vai do primeiro segundo após a meia-noite até um segundo antes do meio-dia, enquanto "p.m." (*post meridiem*) vai do primeiro segundo após o meio-dia até o último segundo antes da meia-noite.

Não é correto escrever "12 a.m." nem "12 p.m.", pois esses horários, oficialmente, não existem. A fim de evitar confusões, utilize *noon* para "meio-dia", e *midnight* para "meia-noite", ou procure escrever 11:59 a.m./p.m. ou 12:01 a.m./p.m.

		Diga
8h, 9h, 10h	8 a.m., 9 a.m., 10 a.m.	*eight a.m., nine a.m., ten a.m.*
13h, 14h, 15h, 16h	1 p.m., 2 p.m., 3 p.m., 4 p.m.	*one p.m., two p.m., three p.m., four p.m.*
13h10	1:10 p.m.	*one-ten p.m./10 past one* **ou** *10 after one p.m.*
14h15	2:15 p.m.	*two fifteen p.m./a quarter past* **ou** *a quarter after two*
15h30	3:30 p.m.	*three thirty p.m. /half past three*
16h40	4:40 p.m.	*four forty p.m./twenty to five p.m.*
17h45	5:45 p.m.	*five forty five p.m./a quarter to six p.m.*
18h50	6:50 p.m.	*six fifty p.m./ten to seven p.m.*
meio-dia / meia-noite		*noon* **ou** *midday/midnight*

Atenção: Em inglês, somente falamos a expressão *o'clock* com horários cheios, nunca quando há minutos.

Exemplos:

Que horas são? *What time is it? / What's the time? It's 8 o'clock.*

Outros exemplos:

Que horas são? *What time is it?; What's the time?*

A que horas? *At what time?*

Qual é o horário do escritório? *What are the office hours?*

A que horas abre? *At what time does it open?*

A que horas fecha? *At what time does it close?*

Quanto tempo leva? *How long does it take?*

DATAS/*DATES*

Em inglês, as datas são sempre formadas usando o dia do mês em numeral ordinal.

March 22 (diga *March twenty-second*)
July 13 (diga *July thirteenth*)
October 31 (diga *October thirty-first*)

1st	*First*	Primeiro
2nd	*Second*	Segundo
3rd	*Third*	Terceiro
4th	*Fourth*	Quarto
5th	*Fifth*	Quinto
6th	*Sixth*	Sexto
7th	*Seventh*	Sétimo
8th	*Eighth*	Oitavo
9th	*Ninth*	Nono
10th	*Tenth*	Décimo
11th	*Eleventh*	Décimo primeiro

12th	*Twelfth*	Décimo segundo
13th	*Thirteenth*	Décimo terceiro
14th	*Fourteenth*	Décimo quarto
15th	*Fifteenth*	Décimo quinto
16th	*Sixteenth*	Décimo sexto
17th	*Seventeenth*	Décimo sétimo
18th	*Eighteenth*	Décimo oitavo
19th	*Nineteenth*	Décimo nono
20th	*Twentieth*	Vigésimo
21st	*Twenty-first*	Vigésimo primeiro
22nd	*Twenty-second*	Vigésimo segundo
23rd	*Twenty-third*	Vigésimo terceiro
24th	*Twenty-fourth*	Vigésimo quarto
25th	*Twenty-fifth*	Vigésimo quinto
26th	*Twenty-sixth*	Vigésimo sexto
27th	*Twenty-seventh*	Vigésimo sétimo
28th	*Twenty-eighth*	Vigésimo oitavo
29th	*Twenty-ninth*	Vigésimo nono
30th	*Thirtieth*	Trigésimo
31st	*Thirty-first*	Trigésimo primeiro

Atenção: As datas podem ser ditas com o dia antes do mês ou o mês antes do dia.

Exemplo:

The first of January; January first

The tenth of June; June tenth

Há diferentes maneiras de escrever as datas em inglês. Dependerá do nível de formalidade, bem como do fato de ser inglês americano (AmE) ou britânico (BrE). Veja alguns exemplos.

FORMATO	AmE: MÊS/DIA/ANO	BrE: DIA/MÊS/ANO
A	*October the Eleventh, 2011*	*The Eleventh of October, 2011*
B	*October 11th, 2011*	*11th October 2011*
C	*October 11, 2011*	*11 October 2011*
D	*10/11/2011*	*11/10/2011*
E	*10/11/11*	*11/10/11*

De modo geral, o formato A é bastante formal e usado, principalmente, em documentos impressos, como convites. Os formatos B e C também são mais formais. Os formatos mais curtos, como D e E, são usados em situações menos formais, como memorandos e correspondências entre amigos. O formato E é tipicamente visto em faturas comerciais ou em documentos oficiais ou técnicos.

Atenção: Os números ordinais também são usados para indicar o andar (em inglês, *floor*) de um prédio. A fim de evitarmos confusões, é preciso atentar para uma diferença entre o inglês americano (AmE) e o britânico (BrE):

Brasil	AmE	BrE
Terceiro andar	*Fourth floor*	*Third floor*
Segundo andar	*Third floor*	*Second floor*
Primeiro andar	*Second floor*	*First floor*
Térreo	*Ground floor or First floor*	*Ground floor*

DIÁLOGOS/*DIALOGUES*

1.

CFO: *Miss Humphrey, could you come to my office, please?*

Secretary: *Sure, Miss Bogart. I'll be with you in a second... How can I help you?*

CFO: *We need to call a meeting to present the latest figures. Please contact all the managers.*

Secretary:	*When will the meeting be?*
CFO:	*In two weeks, on the 23rd, I believe.*
Secretary:	*Let me check my calendar... That's right, the 23rd is a Tuesday. Will that be OK?*
CFO:	*That's fine. Let's do it in the morning, at 10 a.m.*
Secretary:	*Will you need any equipment?*
CFO:	*Just the data show and a flip chart.*
Secretary:	*Anything else?*
CFO:	*No, that's all. If I think of anything else I'll let you know. Thank you very much.*
Secretary:	*You're welcome, Miss Bogart.*

2.

Director:	*Miss Santos, we need to cancel our weekly meeting.*
Secretary:	*The meeting scheduled for June 3rd?*
Director:	*Exactly.*
Secretary:	*Would you like to postpone it, ma'am?*
Director:	*I'm not sure yet. I think I'll have to travel again this week.*
Secretary:	*OK, I'll take care of that. Don't worry.*
Director:	*Thank you, Miss Santos.*
Secretary:	*You're welcome.*

3.

President:	*Miss Reagan, when is our next All Hands meeting?*
Secretary:	*October, 11th, ma'am.*
President:	*Have you invited everybody?*
Secretary:	*Yes, ma'am, I did that last week.*
President:	*And where will the meeting be?*
Secretary:	*In the Red Room. Is that OK?*
President:	*Hmm... I don't think so. I'd like to invite our shareholders too. I think the auditorium would be more appropriate. Is it too late now?*
Secretary:	*I don't think so. I'll take care of that.*
President:	*Thanks a lot, Miss Reagan. And please don't forget to send an invitation to all our shareholders, please.*
Secretary:	*I will. Anything else?*
President:	*No, that will be all.*

Exemplos de convocação para reuniões, elaboração de atas e agendas encontram-se no capítulo "Comunicação por escrito".

"By failing to prepare, you are preparing to fail."

BENJAMIN FRANKLIN

CHECKLIST

Aqui está uma *checklist* de tarefas que precisam ser executadas antes das reuniões. Ela servirá de guia para você.

Cada empresa tem sua cultura e seus métodos de organizar e promover eventos e reuniões. A fim de personalizar a lista, caso seja necessário, insira itens que não foram incluídos e adapte-a às características da empresa.

MEETINGS CHECKLIST		
ITEM	OK	OBSERVATIONS/COMMENTS
Meeting name		
Meeting requested by		
Meeting date(s)		
Meeting schedule		
Number of attendees		
Budget		
Venue (directions/map)		
Car parking		
Notes of last meeting		
Agenda		
Travel arrangements (to, during and from)		
Hotel accommodations		
Invitations		

MEETINGS CHECKLIST		
ITEM	**OK**	**OBSERVATIONS/COMMENTS**
Table set-up Theater Style U-Shape Classroom Style Conference or Boardroom style Table for laptop and projector		
Catering arrangements (dietary requirements, *e.g.* vegetarians, allergies, kosher etc.) ▼ Water ▼ Breakfast ▼ Coffee break ▼ Lunch ▼ Dinner		
Identification ▼ Name tags/badges ▼ Place cards for tables ▼ Banners ▼ Other		
Reception ▼ Outsourced ▼ Bilingual		
Decoration ▼ Flowers ▼ Other		

MEETINGS CHECKLIST		
ITEM	**OK**	**OBSERVATIONS/COMMENTS**
Equipment ▼ Notebooks ▼ Sound system ▼ Microphones ▼ Loudspeakers ▼ Data show ▼ Screen ▼ Flip chart ▼ White board/markers ▼ Adaptor ▼ Extension cords ▼ Other		
Material ▼ Handouts ▼ Folders ▼ Certificates ▼ Business cards ▼ Pencils, pens ▼ Note-paper ▼ Other		
Simultaneous and/or consecutive interpretation ▼ Interpreter ▼ Booth ▼ Microphone ▼ Headsets		
Corporate gifts		

VERIFIQUE SEU PROGRESSO/*CHECK YOUR PROGRESS*

1 Preencha a coluna da direita de acordo com os significados:

a. Auditar	( ) Printer
b. Ata	( ) Branch
c. Horário	( ) To outsource
d. Impressora	( ) Business card
e. Filial	( ) Schedule
f. Cartão de visita	( ) Audit
g. Crachá	( ) Badge
h. Terceirizar	( ) Minutes

2 Escolha as palavras que melhor completam as frases a seguir.

close on off propose down book attend

a. The volume is too loud. Could you turn it ________?
b. It's too cold in here. Let's ________ the windows.
c. We ask everybody to turn ________ the cell phones.
d. It's too dark in here. Please, turn ________ the lights.
e. We need to ________ the hotel before he travels.
f. The CFO is going to ________ some changes next month.
g. All the receptionists need to ________ the meeting.

3 Escolha a melhor resposta.

a. What time is it?	( ) 1. About 20 minutes
b. What time do you close?	( ) 2. 3:30
c. What are your office hours?	( ) 3. At 7 p.m.
d. How long does it take from here to the station?	( ) 4. From 8 to 5

4 Marque os itens que você precisa usar durante uma reunião.

a. Minutes ( )
b. Markers ( )
c. Badge ( )
d. Data show ( )
e. Corporate gifts ( )
f. Flip chart ( )
g. Coffee break ( )
h. Draft ( )

5 Você encontrará a seguir algumas das ações referentes a reuniões. Qual o seu significado?

a. Postpone	( ) Apoiar
b. Allocate	( ) Marcar
c. Second	( ) Participar
d. Conduct	( ) Rascunhar
e. Set	( ) Reservar
f. Attend	( ) Votar
g. Propose	( ) Renunciar
h. Draft	( ) Adiar
i. Resign	( ) Propor
j. Book	( ) Conduzir
k. Transfer	( ) Alocar
l. Vote	( ) Transferir

CAPÍTULO 4

Viagens / *Trips*

DIÁRIO DE UMA SECRETÁRIA

Depois, *escaneei* alguns *mini-posters*. O *designer* formatou tudo para mim, e então eu chamei o *motoboy* para fazer uma *delivery* no *shopping center*. Os *banners* ficariam bem na entrada do *lobby*.

Diferentemente de alguns anos atrás, hoje em dia é possível comparar valores e horários de passagens aéreas, de trem, de ônibus etc. em inúmeros sites na internet, e comprar aquela exata que procuramos. O mesmo vale para aluguel de veículos e hospedagem em hotéis, pousadas etc. Com um clique, faz-se a reserva. Antigamente, era preciso ligar para todas as empresas aéreas e para os hotéis a fim de comparar os valores e confirmar a reserva. Que trabalhão!

Neste capítulo, abordamos os aspectos que envolvem a organização de uma viagem por uma secretária.

Exemplos de agendamento, transferência e cancelamento de viagens podem ser encontrados nos capítulos "Contatos telefônicos" e "Comunicação por escrito".

VOCABULÁRIO BÁSICO/*BASIC VOCABULARY*

Acomodações	*Accommodations*
Agência de viagens	*Travel agency*
Agente de viagem	*Travel agent*
Alfândega	*Customs*
Atraso	*Delay*
Bagagem	*Baggage (AmE); luggage (BrE)*
Caixa eletrônico	*ATM (Automatic Teller Machine)*
Cartão de crédito	*Credit card*
Cartão de crédito corporativo	*Corporate credit card*
Casa (agência) de câmbio	*Currency exchange agency*
Chegada	*Arrival*
Chegar	*To arrive*
Classe econômica	*Economy class*
Conexão	*Connection*
Destino	*Destination*
Diária de hotel	*Rate*
Escala	*Stopover*
Estrangeiro	*Foreigner*
Ida e volta	*Round trip (AmE); return ticket (BrE)*
Itinerário	*Itinerary*
Mala	*Suitcase*
Moeda estrangeira	*Foreign currency*
Número de voo	*Flight number*
Orçamento	*Budget*

Origem	*Origin*
Partida	*Departure*
Partir	*To depart; to leave*
Passagem	*Ticket*
Primeira classe	*First class*
Reserva	*Reservation*
Reservar; Comprar (quartos, passagens, ingressos)	*To book (rooms and tickets)*
Seguro	*Insurance*
Só ida	*One way (AmE); single way (BrE)*
Taxa de câmbio	*Exchange rate*
Vaga	*Vacancy*
Valor da passagem	*Fare*
Viagem	*Trip*
Viajar	*Travel*
Voo direto	*Direct flight*

SOLICITAÇÃO DE VISTO/*REQUESTING A VISA*

Assinar	*Sign*
Assinatura	*Signature*
Autorização	*Authorization; consent*
Casado(a)	*Married*
Cidadania	*Citizenship*
Cidadão	*Citizen*
Consulado	*Consulate*
Data de emissão	*Date of issue*
Data de nascimento	*Date of birth*
Data de validade	*Date of expiry*

Dependente	*Dependent*
Divorciado(a)	*Divorced*
Embaixada	*Embassy*
Entrevista	*Interview*
Cônjuge	*Spouse*
Estado civil	*Marital status; relationship status*
Formulário	*Form*
Informar/Notificar	*Notify*
Noivo	*Engaged*
Nome completo	*Full name*
Nome próprio	*Given name; first name*
Obrigação	*Duty*
Pais	*Parents*
Parente	*Relative*
Requerente	*Applicant*
Requerimento; Formulário	*Application*
Saúde	*Health*
Separado(a)	*Separated*
Sexo	*Gender; sex*
Sobrenome	*Family name; last name; surname*
Solteiro(a)	*Single*
Status de emprego	*Employment status*
Taxa	*Fee*
Tipo	*Type*
Visto	*Visa*
Viúvo(a)	*Widowed*

NO AVIÃO/*ON THE AIRPLANE*

Comissária(o) de bordo	*Flight attendant*
Corredor	*Isle*
Doença do fuso horário	*Jet lag*
Janela	*Window*
Assento	*Seat*

CLIMA/*WEATHER*

Abafado	*Stuffy*
Brisa	*Breeze*
Chuva	*Rain*
Chuvoso	*Rainy*
Clima; tempo	*Weather*
Ensolarado	*Sunny*
Estação	*Season*
Fresco	*Cool*
Frio	*Cold*
Graus	*Degrees*
Inundação	*Flood*
Inverno	*Winter*
Neblina	*Fog*
Neve	*Snow*
Nublado	*Cloudy*
Nuvem	*Cloud*

Onda de calor	*Heat-wave*
Onda de frio	*Cold spell*
Outono	*Autumn; Fall*
Parcialmente nublado	*Partly cloudy*
Previsão do tempo	*Weather forecast*
Primavera	*Spring*
Quente	*Hot*
Relâmpago	*Lightning*
Seca	*Drought*
Seco	*Dry*
Sensação térmica	*Heat index*
Sol	*Sun*
Tempestade de neve	*Snowstorm*
Trovão	*Thunder*
Umidade	*Humidity*
Úmido	*Humid*
Vento	*Wind*
Ventoso	*Windy*
Verão	*Summer*

ACOMODAÇÕES; COMODIDADES/ *ACCOMMODATIONS; AMENITIES*

Alojamento e café da manhã	*Bed and Breakfast (B&B)*
Banheira	*Bathtub*
Camareira	*Chambermaid*
Cobertura	*Penthouse*
Cofre de segurança	*Safe*

Comum/Padrão	*Standard*
Lavanderia	*Laundry*
Pousada	*Inn*
Quarto	*Room*
Quarto de casal	*Double room*
Quarto de solteiro	*Single room*
Sacada	*Balcony*
Toalhas	*Towels*
Voltagem	*Voltage*

ATIVIDADES DE LAZER/*LEISURE ACTIVITIES*

Alugar um carro	*To rent a car*
Excursão a pé	*Walking tour*
Excursão pela cidade	*City tour*
Passeio de barco	*Boat trip*
Visita a pontos turísticos	*Sightseeing*

ALUGUEL DE CARRO/*RENT A CAR*

Agência de aluguel de carros	*Car rental office*
Assento	*Seat*
Câmbio	*Gear*
Carteira de habilitação	*Driver's license*
Combustível	*Fuel*
Compacto	*Compact*
Contrato de aluguel	*Rental agreement*
Data de devolução	*Return date*

Data de retirada	*Pick up date*
Depósito	*Deposit*
Econômico	*Economy*
Grande	*Full size*
Local; Lugar	*Location*
Luxo	*Luxury*
Médio	*Midsize*
Milhagem	*Mileage*
Seguro	*Insurance*
Seguro opcional	*Collision Damage Waiver (CDW)*
Standard	*Standard*
Taxa de não comparecimento	*No-show fee*
Taxa diária	*Daily rate*
Tipo	*Type*
Veículo	*Vehicle*

DIÁLOGOS/*DIALOGUES*

RENTING A CAR

Secretary: *Hello, is this Travis Rent-a-Car?*
Clerk: *Yes, ma'am, how can I help you?*
Secretary: *I'd like to rent a car, please.*
Clerk: *What's the pick up date and city?*
Secretary: *My boss will pick up the car on November, 12th in Austin, Texas.*
Clerk: *Very well. What's the return date and where?*
Secretary: *November, 16th in Santa Fe, New Mexico.*
Clerk: *OK. What car would you like, ma'am?*
Secretary: *A Ford sedan, please. How much is the daily rate?*
Clerk: *It's U$43 plus taxes, plus the insurance. It will be a total of U$339 for the 5 days.*
Secretary: *That's fine. I'll be paying with Visa.*

BOOKING A HOTEL ROOM

Secretary:	*Good morning, I'd like to book a room for one person, please.*
Receptionist:	*Certainly, ma'am. What's the name?*
Secretary:	*Stephanie Sanders. She'll arrive in Washington on the 7th of September.*
Receptionist:	*How many nights will she stay?*
Secretary:	*Four nights. She'll leave on the 11th.*
Receptionist:	*I have a double room, non-smoking, on the 1st floor, next to the gym.*
Secretary:	*Hmm... near the gym... Isn't that very noisy? I was wondering if you could get a room with a balcony or a view...*
Receptionist:	*I have a room with a balcony on the 7th floor and a room with a view to the sea on the 10th floor.*
Secretary:	*Oh, the one with a view, please. How much is it?*
Receptionist:	*That will be U$1,239, including taxes. How will you be paying, ma'am?*
Secretary:	*Master card.*
Receptionist:	*Number, please.*
Secretary:	*869 653 098 76*
Receptionist:	*Expiration date?*
Secretary:	*Dec/2015*
Receptionist:	*OK, ma'am. Anything else?*
Secretary:	*That's it. Thank you very much. Have a nice day.*
Receptionist:	*Have a nice day you too.*

BOOKING A FLIGHT

Agent:	*Continental Air Lines. How may I help you?*
Secretary:	*I need a flight from New York to Boston on the 5th.*
Agent:	*I have a flight which leaves New York at 9:55 a.m.*
Secretary:	*What time does it arrive in Boston?*
Agent:	*At 11:45 a.m.*
Secretary:	*All right. One seat, please.*
Agent:	*OK. How will you be paying?*
Secretary:	*Visa.*
Agent:	*Can I have the number please?*
Secretary:	*268 574 103*

"To climb steep hills requires slow pace at first."

WILLIAM SHAKESPEARE

CHECKLIST

Aqui está uma *checklist* de tarefas que precisam ser executadas antes da viagem de um executivo. Ela servirá de guia para você.

A fim de personalizar a lista, caso seja necessário, insira itens que não foram incluídos e adapte-a às características da empresa.

TRAVEL CHECKLIST		
ITEM	OK	OBSERVATIONS/COMMENTS
Traveler's name(s)		
Travel requested by		
Travel purpose		
Budget		
Check currency – cash		
Travel date(s) – arrivals and departures		
Itinerary		
Passport		
Visa(s)		
Health ▼ Vaccines ▼ Vaccine certificates ▼ Blood type ▼ Medication ▼ Prescriptions ▼ Allergies ▼ Medical background/conditions ▼ Insurance (telephone numbers) ▼ Emergency numbers		

TRAVEL CHECKLIST		
ITEM	OK	OBSERVATIONS/COMMENTS
Transportation ▼ Airplane tickets ▼ Reception at airport ▼ Bus/Shuttle bus ▼ Train tickets ▼ Car rental (license) ▼ Other		
Accommodations ▼ Hotel ▼ B&B (Bed and Breakfast) ▼ Other		
Communication and getting around ▼ Guidebook ▼ Phrasebook ▼ City information ▼ Restaurant list ▼ Directions ▼ Map ▼ Time zone ▼ Weather forecast ▼ Conversion tables ▼ Purchase event tickets (tour packages, sports, theaters, plays, festivals) ▼ Other		
Credit card(s) ▼ Personal ▼ Corporate		
Meeting agenda		
Client information		
Catering arrangements (dietary requirements, *e.g.* vegetarians, allergies, kosher etc.)		

TRAVEL CHECKLIST		
ITEM	**OK**	**OBSERVATIONS/COMMENTS**
Identification ▼ Badges ▼ Business cards ▼ Other		
Equipment ▼ Notebooks ▼ Adaptor ▼ Extension cords		
Simultaneous and/or consecutive interpretation ▼ Interpreter		
Material ▼ Handouts ▼ Folders ▼ Certificates ▼ Pencils, pens ▼ Note-paper ▼ Other		
Gifts		
Prepare and check traveler's material for presentation, meeting etc.		
Confirm ▼ All meetings and other commitments before the trip ▼ Registration in congresses, fairs etc.		
Communication ▼ Cell phone(s) ▼ Chargers ▼ Contact phone company in order to make any necessary adjustments		
Special reminder ▼ Inform traveler about cultural tips (don't show the sole of the shoes, don't use the left hand etc.)		
Copy all of the executive's documents in case he has a problem during the trip		

VERIFIQUE SEU PROGRESSO/*CHECK YOUR PROGRESS*

1 Coloque o diálogo na ordem correta.

a. ( ) Well, what do you have, then?

b. ( ) It's only U$90 for the weekend.

c. (1) May I help you?

d. ( ) I'm afraid we don't have one this weekend.

e. ( ) OK, that's fine.

f. ( ) How much is it, please?

g. ( ) Yes, I want a Chevrolet Cavalier for the weekend.

h. ( ) I have a Ford Sedan if you like.

2 Complete a história com as palavras corretas.

boarded balcony at sightseeing in eleventh flight

single wonderful on breakfast boat trip

a. Irving Cruse took a __________ to Tokyo.

b. He did the check in __________6 a.m.

c. He__________ __________ the plane 1 hour later.

d. He arrived __________ L.A. at night.

e. He stayed at a nice hotel on the __________ floor.

f. He requested a__________ room with a __________.

g. In the morning he had a nice __________.

h. After breakfast he went __________.

i. Then he took a very nice__________.

j. Irving had a __________ day.

3 Complete o diálogo a seguir com as palavras adequadas.

a. I'd like to __________ a flight from São Paulo to Lisbon, please.

b. When __________ you like to fly, ma'am?

c. September 28th, coming back __________ the 5th of October.

d. I have a flight that leaves __________ 7:40 a.m.

e. That's __________. I'd like an __________ seat, please.

f. All right. __________ are you paying?

g. Visa.

h. __________ I have the number, please?

4 Coloque A para "acomodações", L para "atividades de lazer", C para "clima" e V para "visto".

a. Sightseeing ( )

b. Citizenship ( )

c. Marital Status ( )

d. Double room ( )

e. Cool ( )

f. Embassy ( )

g. Stuffy ( )

h. Inn ( )

i. Interview ( )

j. Balcony ( )

k. Boat trip ( )

l. Bathtub ( )

m. Safe ( )

n. Flood ( )

o. Weather ( )

CAPÍTULO 5

Recebendo clientes e visitantes estrangeiros / *Receiving foreign clients and visitors*

DIÁRIO DE UMA SECRETÁRIA

Como eu estava muito atarefada, chamei nosso *headhunter* para localizar uma *trainee* para me dar um *help*. O *profile* da pessoa teria de ser mais ou menos assim: *result oriented, hands on*, de preferência com um *MBA* e um excelente *networking. Basic!*

Abordaremos agora as questões relativas ao atendimento e à recepção de clientes e visitantes de outros países.

Antes da chegada do visitante, é conveniente verificarmos questões referentes à cultura de seu país de origem, a fim de evitarmos situações embaraçosas. Verifique expressões corporais que possam causar mal-estar e lance mão de qualquer outro detalhe que ajude a fazer com que a estada do convidado seja tranquila e traga sucesso para todos.

EXPRESSÕES CORPORAIS/*BODY LANGUAGE*

Linguagem corporal, ou expressão corporal, é a forma pela qual nos comunicamos sem, necessariamente, fazer uso da linguagem verbal. É o modo como saudamos as pessoas, como sentamos ou ficamos de pé, nossas expressões faciais, movimentos das mãos, dos pés etc.

Um gesto pode ter significados bem diferentes em dois países. De acordo com Argyle (1978), há 700 mil formas de expressões corporais. No mundo dos negócios, é fundamental conhecermos os gestos comuns e os proibidos do país de origem da pessoa com quem estamos tratando, a fim de evitar constrangimentos para nós mesmos e para os executivos. Relacionamos, a seguir, alguns exemplos dos diferentes significados dos mesmos gestos.

A cabeça 	Na maior parte dos países, movimentar a cabeça para cima e para baixo significa "sim", aprovação. Porém, em alguns países, como Grécia, Iugoslávia, Bulgária e Turquia, o gesto significa "não". Na maior parte dos países asiáticos, acredita-se que é na cabeça que se encontra o espírito. Logo, jamais devemos tocar a cabeça de alguém dessa região do mundo.
Olhos 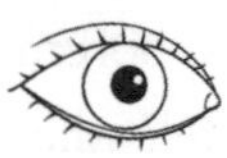	Nos países ocidentais, valorizamos e estimulamos o contato olho no olho. O ato representa sinceridade e verdade. Já em alguns países asiáticos e africanos, representa desrespeito, desafio. Lá, olhar para o chão, e não para os olhos de quem fala, representa respeito.
Lábios e boca 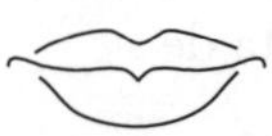	Nos países ocidentais, o beijo representa carinho. As pessoas costumam beijar quando dizem "alô" e "tchau". Em alguns países asiáticos, o beijo é considerado um gesto íntimo e, portanto, não é aceitável em público.
Braços 	Nos países de origem latina, é comum usar os braços livremente durante a comunicação. No Japão, por exemplo, usar os braços dessa maneira é considerado um gesto rude.

Mãos 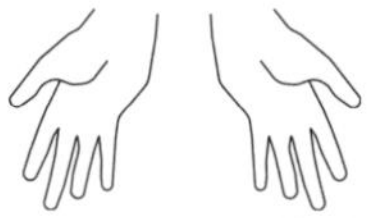	As mãos são as partes do corpo mais usadas durante a comunicação. Movimentar as mãos para os lados pode significar "adeus" em alguns países e "não" em outros. O aperto de mãos é usado na chegada e na saída na maior parte dos países ocidentais, mas, em alguns países asiáticos, o costume é usar o *wai* (unir as mãos como em uma prece) ou dobrar o tronco para frente. Alguns grupos utilizam o aperto de mão bem forte; em outros, o aperto é bastante sutil. No Ocidente, ambas as mãos têm o mesmo status. No Oriente Médio e em alguns países asiáticos, a mão esquerda é considerada suja. É aconselhável usar somente a mão direita para dar e receber cartões de visita e presentes. O símbolo utilizado nos Estados Unidos para indicar "Ok" representa zero ou "sem valor" em alguns países europeus. Em outros, inclusive no Brasil, o gesto é um insulto e deve ser evitado. O dedo polegar para cima significa "Ok" ou "bom" na maior parte dos países, porém é considerado um insulto na Austrália, na Nova Zelândia e na maior parte dos países africanos.
Pés e pernas 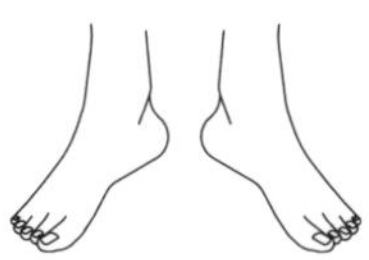	Devemos evitar sentar com as pernas cruzadas quando estamos diante de pessoas de alguns países asiáticos e do Oriente Médio. O gesto é considerado falta de respeito. Jamais devemos colocar um pé sobre o joelho da outra perna e, assim, exibir a sola de nosso sapato, que é considerada uma atitude extremamente ofensiva. Nessas culturas, devemos evitar apontar ou mover algo com nossos pés ou com nossos sapatos.

VOCABULÁRIO BÁSICO/*BASIC VOCABULARY*

Bom-dia	*Good morning*
Boa-tarde	*Good afternoon*
Boa-noite (na chegada)	*Good evening*
Boa-noite (na saída)	*Good night*
Bem-vindo(a)	*Welcome*

FORMAS DE TRATAMENTO/*TITLES*

Devemos sempre nos dirigir a nossos clientes e convidados usando seu sobrenome precedido de:

Senhor	*Mr.* [mister]
Senhora (para mulheres casadas)	*Mrs.* [míssis]
Senhorita (para mulheres solteiras)	*Miss*
Mulheres cujo estado civil é desconhecido	*Ms.* [míz]

Exemplos:

Good morning, Mr. Ponziac.
Good afternoon, Mrs. Cruz.
Good evening, Ms. Gomes.

Quando nos dirigimos aos clientes e visitantes, as formas usadas são:

Senhor	*Sir*
Senhora	*Madam (Ma'am)*
Senhorita	*Miss*

Exemplos:

Good morning, sir.
Good afternoon, madam.
Good evening, miss.

RECEPÇÃO NO AEROPORTO/*RECEPTION AT THE AIRPORT*

Antes da chegada de nosso visitante, podemos informar que haverá uma pessoa para recebê-lo no aeroporto.

DIÁLOGOS/*DIALOGUES*

Cecília: *Good morning, Denise. This is Cecília, Mr. Chaves' secretary.*
Denise: *Good morning, Cecília. How are you?*
Cecília: *Fine, thank you. I am calling to inform that there will be a person waiting for Mr. Chaves at the airport. So Mr. Chaves doesn't have to worry about transportation. The driver will be holding a folder with our logo, ok?*
Denise: *Ok, fine. Thank you very much.*
Cecília: *You are welcome. Have a nice day.*

CHEGANDO AO ESCRITÓRIO/*ARRIVING AT THE OFFICE*

DIÁLOGOS/*DIALOGUES*

1.

Secretary: *Good morning, Mrs. Ponziac. Welcome to Brazil.*
Mrs. Ponziac: *Good morning. Thank you.*

2.

Secretary: *Good afternoon, Mrs. Cruz. Welcome to our office.*
Mrs. Cruz: *Good afternoon. Thank you.*
Secretary: *Mr. Finn will be with you in a few minutes. Please have a seat.*
Mrs. Cruz: *Fine. Thank you.*

3.

Secretary: *Good evening, Ms. Gomes. Welcome to J&E. How was your flight?*
Ms. Gomes: *Good evening. It was fine. Thank you.*
Secretary: *Excellent. Please follow me. Mr. Silva is waiting for you in his office.*

OFERECENDO ALGO PARA BEBER/ *OFFERING SOMETHING TO DRINK*

Se nosso convidado tiver que aguardar alguns instantes, podemos oferecer-lhe água e café.

Lembre-se de usar a frase "*Would you like...?*" e não "*Do you like...?*".

Açúcar	*Sugar*
Adoçante	*Sweetener*
Água com gás	*Sparkling water*
Água sem gás	*Still water/flat water*
Água natural	*Room temperature*
Água gelada	*Chilled water*
Café preto	*Black coffee*
Chá	*Tea*
Sem açúcar nem adoçante	*Plain*

DIÁLOGOS/*DIALOGUES*

1.

Secretary: *Good morning, Ms. Tartan. Welcome to Top Z. Please have a seat. Our president will be with you in just a moment.*
Ms. Tartan: *Thank you.*
Secretary: *Would you like some coffee and water?*
Ms. Tartan: *Just water, please.*
Secretary: *Sparkling or still?*
Ms. Tartan: *Still, please.*
Secretary: *Fine. Just a moment, please.*

2.

Visitor: *Good morning. I am Bianca Slater. I have a meeting with Mr. Moura.*

Secretary: *Of course, Mrs. Slater. Please have a seat. Mr. Moura will be with you shortly. Would you like some coffee and water?*
Visitor: *Yes, please.*
Secretary: *How do you take your coffee?*
With sugar or sweetener?
Visitor: *Plain, please.*
Secretary: *And how do you prefer your water, sparkling or still?*
Visitor: *Sparkling, please.*
Secretary: *Fine. Just a moment, please.*

Enquanto o convidado aguarda o início da reunião, podemos trocar algumas palavras, a fim de deixá-lo à vontade. Porém, precisamos ter cuidado com o assunto que abordaremos. Devemos evitar assuntos sobre política e religião, por exemplo. É mais seguro usarmos o "small talk". Perguntar como foi a viagem, se é a primeira vez que visita a cidade etc.

DANDO ORIENTAÇÕES/*GIVING DIRECTIONS*

Andar de baixo	*Downstairs*
Andar de cima	*Upstairs*
Ao lado de	*Next to*
Atrás de	*Behind*
Direita	*Right*
Entre	*Between*
Esquerda	*Left*
Fica depois do(a)	*It's after the*
Na frente do(a)	*In front of the*
Para baixo	*Down*
Para cima	*Up*
Passe pelo(a)	*Pass the*
Vire	*Turn*

DIÁLOGOS/*DIALOGUES*

1.

Visitor:	*Can you tell me where the restroom is?*
Secretary:	*Certainly. Go down the hall. It's the second door to your right.*
Visitor:	*Thank you.*
Secretary:	*You're welcome.*

2.

Visitor:	*Can you please tell me where the ladies' room is?*
Secretary:	*Of course. Go through this door and turn left. It's the first door to your left.*
Visitor:	*Thank you.*
Secretary:	*You are welcome.*

APÓS A REUNIÃO/*AFTER THE MEETING*

DIÁLOGOS/*DIALOGUES*

1.

Secretary:	*Mrs. Schirmer. We would like to invite you to dinner. Would you like to go to the hotel to shower or rest before we go?*
Mrs. Schirmer:	*Oh, thank you. That's very kind of you. Yes, I'd like to go to the hotel before we have dinner. I have some messages to send and some phone calls to make.*
Secretary:	*Of course. Our driver will take you to the hotel right now. He will be back to pick you up in two hours. Is that ok?*
Mrs. Schirmer:	*That's fine. Thank you.*

2.

Secretary:	*We hope you enjoyed your dinner.*
Mrs. Schirmer:	*Oh, I certainly did. Thank you, again.*
Secretary:	*It's our pleasure. Well, our driver will pick you up at the hotel tomorrow morning at 8:30 a.m. and drive you to the office. Is that ok?*
Mrs. Schirmer:	*Oh, that's fine.*

Secretary: *Is there anything else you need? Can I get you anything?*
Mrs. Schirmer: *Well, I would like to stop at a drugstore to get some aspirin, if that's ok.*
Secretary: *Of course. We'll stop at the drugstore on our way to the hotel.*
Mrs. Schirmer: *Thank you.*
Secretary: *It's my pleasure.*

REFEIÇÕES/*MEALS*

VOCABULÁRIO BÁSICO/*BASIC VOCABULARY*

COPOS/*GLASSES*

Copo de água	*Water glass*
Taça de vinho	*Wine glass*
Xícara	*Cup*
Pires	*Saucer*

TALHERES/*SILVERWARE*

Colher	*Spoon*
Faca	*Knife*
Garfo	*Fork*

BEBIDAS/*BEVERAGES*

Carta de vinhos	*Wine list*
Cerveja	*Beer*
Com gelo	*With ice*
Com limão	*With lemon*
Refrigerante	*Soda; soft drink*
Suco	*Juice*
Suco de abacaxi	*Pineapple juice*

Suco de laranja	*Orange juice*
Suco de maracujá	*Passion fruit juice*
Suco de uva	*Grape juice*
Vinho branco	*White wine*
Vinho espumante	*Sparkling wine*
Vinho tinto	*Red wine*

COMIDA/*FOOD*

Alho	*Garlic*
Anéis de cebolas	*Onion rings*
Ao ponto	*Medium*
Aperitivo	*Starter*
Bem passado	*Well done*
Camarão	*Shrimp*
Carne de ovelha	*Lamb*
Carne de porco	*Pork*
Carne de vaca	*Beef*
Espeto	*Skewers*
Frango	*Chicken*
Lagosta	*Lobster*
Linguado	*Sole*
Linguiça	*Sausage*
Malpassado	*Rare*
Massa	*Pasta*
Mexilhões	*Mussels*
Peixe à milanesa	*Fish in batter*
Pimenta	*Pepper*
Polenta	*Polenta (corn meal)*

Prato principal	*Entree*
Queijo assado	*Grilled cheese*
Sal	*Salt*
Sal grosso	*Marine salt*
Salame	*Salami*
Salmão	*Salmon*
Sobremesa	*Dessert*
Truta	*Trout*

SOBREMESA/*DESSERT*

Arroz-doce	*Sweet rice*
Pudim	*Pudding*
Salada de frutas	*Fruit salad*
Sorvete	*Ice cream*

OUTROS/*OTHERS*

Conta	*Bill (AmE); check (BrE)*
Gorjeta	*Tip*
Guardanapo	*Napkin*
Palito	*Toothpick*
Prato	*Plate*
Rolha	*Cork*
Saca-rolha	*Corkscrew*

DIÁLOGOS/*DIALOGUES*

IN A RESTAURANT

Secretary: *Miss Rodrigues, what would you like to have? Beef or fish?*
Visitor: *I'd like to have the steak.*
Secretary: *How would you like it, rare, medium or well done?*
Visitor: *Medium, please.*
Secretary: *Would you like some rice with it?*
Visitor: *That would be lovely!*
Secretary: *Anything to drink?*
Visitor: *What do you suggest?*
Secretary: *They have great wine here. How about the red?*
Visitor: *Great! Are you going to have some? We can get a bottle.*
Secretary: *Yes, I'll have some. Let's get a bottle.*

DIFERENÇAS CULTURAIS/*CULTURAL DIFFERENCES*

Um aspecto com o qual precisamos ter muito cuidado são as variações culturais entre pessoas vindas de diferentes países. Em se tratando, especificamente, do idioma inglês, salientamos algumas distinções existentes entre o inglês falado mundo afora. Precisamos prestar atenção, pois a mesma palavra poderá ter significados diversos em países como Estados Unidos, Inglaterra, Austrália, África do Sul e assim por diante. Além da diferença no significado, também pode haver diferença na ortografia, na gramática, no sotaque e na pronúncia. Também vale lembrar que não há certo e errado. Há diferenças.

Destacamos, a seguir, alguns exemplos.

DIFERENÇAS NA ORTOGRAFIA/*SPELLING DIFFERENCES*

PORTUGUESE	AMERICAN ENGLISH (AmE)	BRITISH ENGLISH (BrE)
Avião	*Airplane*	*Aeroplane*
Cancelado	*Canceled*	*Cancelled*
Centro	*Center*	*Centre*
Teatro	*Theater*	*Theatre*
Viajou	*Traveled*	*Travelled*

DIFERENÇAS DE VOCABULÁRIO/*VOCABULARY DIFFERENCES*

PORTUGUESE	AMERICAN ENGLISH (AmE)	BRITISH ENGLISH (BrE)
Advogado	*Lawyer*	*Solicitor; barrister*
Apartamento	*Apartment*	*Flat*
Bagagem	*Baggage*	*Luggage*
Banheiro	*Restroom (local público); Bathroom*	*Toilet*
Batatas fritas	*French fries*	*Chips*
Bolacha	*Cookie*	*Biscuit*
Borracha de apagar	*Eraser*	*Rubber*
Calçada	*Sidewalk*	*Pavement*
Calças	*Pants*	*Trousers*
Carteira de habilitação	*Driver's license*	*Driving license*
Centro da cidade	*Downtown*	*City centre*
Currículo	*Resumé*	*Curriculum vitae*
Elevador	*Elevator*	*Lift*
Farmácia	*Drugstore*	*Chemist's*
Férias	*Vacation*	*Holiday*
Telefone celular	*Cell phone*	*Mobile phone*
Motor	*Motor*	*Engine*
Fila	*Line*	*Queue*
Torneira	*Faucet*	*Tap*

DIFERENÇAS GRAMATICAIS/*GRAMMATICAL DIFFERENCES*

PORTUGUESE	AMERICAN ENGLISH (AmE)	BRITISH ENGLISH (BrE)
De segunda a segunda	*Monday to Monday*	*Monday through Monday*
Falar com	*Talk with*	*Talk to*
Preencher um formulário	*Fill out a form*	*Fill in a form*
Tomar um banho de chuveiro	*Take a shower*	*Have a shower*

"Attitude is a little thing that makes a big difference."

WINSTON CHURCHILL

VERIFIQUE SEU PROGRESSO/*CHECK YOUR PROGRESS*

1 Coloque V (verdadeiro) ou F (falso) após cada frase.

a. It's acceptable to touch everyone's head. ( )

b. Eye-to-eye contact is a positive sign in all countries.( )

c. In Japan, people usually don't kiss in public. ( )

d. It's always OK to move your arms when you speak. ( )

e. There are different forms of handshakes. ( )

f. Showing the sole of a shoe can be offensive to some people. ( )

2 Traduza as frases a seguir.

a. Você gosta de café?

____

b. Você gostaria de tomar um copo de café?

____

c. Você gosta de tomar café da manhã?

____

d. Você gostaria de tomar café da manhã?

____

e. Eu gosto de água com gás.

____

f. O Sr. White gosta de café com adoçante.

____

g. A Sra. Bail gostaria de tomar um copo de chá.

____

3 Estude o desenho a seguir e descreva-o em inglês. Siga o exemplo.

Segundo andar	7. Academia	8. Terraço	9. Café
Primeiro andar	4. Sala de conferência	5. Corredor	6. Sanitários
Térreo	1. Salas de reunião	2. Recepção	3. Auditório

Exemplo:

1. **The meeting rooms are on the ground floor, next to the reception.**

2. ______________________________

3. ______________________________

4. ______________________________

5. ______________________________

6. ______________________________

7. ______________________________

8. ______________________________

9. ______________________________

4 Traduza as frases a seguir.

a. A recepção é no andar de baixo.

____

b. Os sanitários são no andar de cima.

____

c. O terraço é entre a academia e o café.

____

d. A recepção fica ao lado do auditório.

____

5 Complete o jogo.

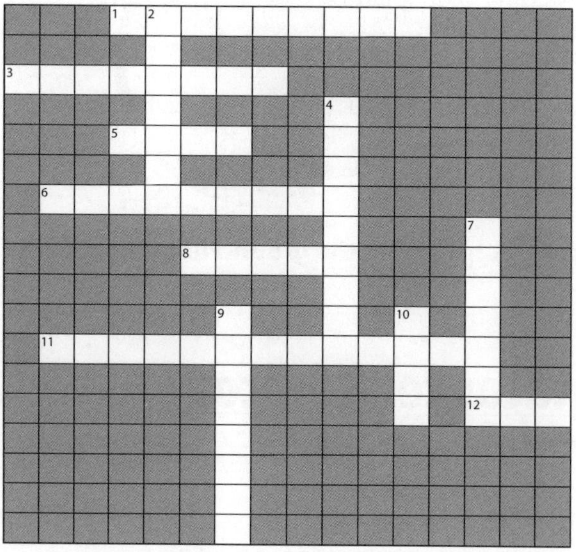

ACROSS

1. Sugar substitute
3. Vehicle that flies
5. Refrigerante
6. A person from a foreign country
8. "No gas"
11. Vinho espumante
12. Gorjeta

DOWN

2. What we say when people arrive
4. "With gas"
7. Sobremesa
9. Lift
10. Queue

CAPÍTULO 6

Contatos telefônicos / *Telephoning*

DIÁRIO DE UMA SECRETÁRIA

Aproveitei meu *break*, e dei um pulinho no *fitness center* para dar um *up* no meu *look*. Fiz 20 minutos de *spinning* e mais 15 de *step*. Encerrei a sessão com um pouco de *street dance*.

Comunicar-se ao telefone, em inglês, é uma das tarefas mais assustadoras no escritório. Aprender frases e expressões comumente utilizadas ao telefone nos auxilia muito, pois, fazendo uso delas, podemos imaginar o que será dito em seguida. Trata-se de uma habilidade que requer prática. A compreensão auditiva se aprimora à medida que vai sendo utilizada.

Um dos fatores que tornam essa habilidade mais difícil é não podermos ver a pessoa com quem estamos falando. Sem o auxílio visual, algumas pessoas demoram mais que outras para entender o que ouvem. Cabe mencionar que as pessoas predominantemente visuais têm maior dificuldade de se comunicar ao telefone. Outro aspecto que complica essa habilidade é o fato de estarmos em um ambiente conturbado. Há várias coisas acontecendo ao mesmo tempo. Há pessoas falando e telefones tocando. É muita informação simultânea.

No entanto, quando falar ao telefone em inglês, tente não ficar nervosa. Respire fundo. Lembre-se de que o cliente no outro lado da linha poderá dizer a seu executivo que foi muito bem atendido ao telefone, o que será muito bom para você.

Às vezes, a informação que a pessoa deseja é simples, e você poderá ajudá-la facilmente, sem ter de passar a ligação para outra pessoa.

VOCABULÁRIO BÁSICO/*BASIC VOCABULARY*

Aguarde	*Hold on*
Cabine telefônica	*Telephone booth*
Cartão de telefone	*Phone card*
Chamada a cobrar	*Collect call*
Chamada internacional	*International call*
Código de área	*Area code (AmE);* *dialing code (BrE)*
Da parte de	*On behalf of*
Desligar	*Hang up*
Discagem gratuita	*Toll free*
Discar	*Dial*
Emergência	*Emergency*
Falar mais alto	*Speak up*
Fique na linha	*Hang on*
Informações	*Information*
Ligação cortada	*Cut off*
Linha cruzada	*Crossed line*
Lista telefônica	*Telephone book*
Mensagem de voz	*Voice mail*
Número	*Number*

Número errado	*Wrong number*
Ocupado(a)	*Busy (AmE); engaged (BrE)*
Pessoa que telefona	*Caller*
Prefixo	*Code*
Procurar	*Look up*
Pegar, apanhar	*Pick up*
Ramal	*Extension*
Recado	*Message*
Retornar a ligação	*Call back; ring back*
Secretária eletrônica	*Answering machine*
Sinal de discagem	*Dialing tone*
Telefonar	*Call*
Telefone	*Telephone*
Telefone celular	*Cell phone; mobile*
Telefone público	*Public phone; payphone*
Telefonema	*Call*
Telefonista	*Operator*
Tocar (o telefone)	*Ring*
Transferir	*Put through; transfer; get through*

QUANDO VOCÊ LIGA/*WHEN YOU CALL*

Boa-tarde. Aqui é a assistente do Sr. Cordeiro. Por favor, o Santos está?	*Good afternoon. This is Mr. Cordeiro's assistant. Is Santos there, please?*
Alô, obrigada por ter ligado para... (nome da empresa)	*Hello, thanks for calling ... (company)*
O John está?	*Is John in?*
Posso falar com Manoel, por favor?	*Can I speak with Manoel, please?*

Você pode transferir para o ramal 123, por favor?	*Can I have extension 123, please?*
Eu gostaria de falar com...	*I'd (I would) like to speak to/with...*
Gostaria de uma informação, por favor.	*I'd like some information, please.*
Aqui quem fala é o Sr. Silva	*This is Mr. Silva speaking*
Aí é da... (nome da empresa)?	*Is that... (company)?*
Poderia esperar, por favor?	*Would you please, hold?*
Eu tenho outra chamada. Poderia esperar um segundo, por favor?	*I have another call. Can you hold on for a second, please?*

DIÁLOGOS/*DIALOGUES*

1.

Telephone operator: *GTE. Good morning. May I help you?*
Secretary: *Good morning. My name is Rachel White. I represent C.O.L Offices. May I speak with Mr. Ramos from the Purchase department?*
Telephone operator: *Just a moment, please.*
Secretary: *Thank you.*

2.

Telephone operator: *Tabloide News. Good evening. May I help you?*
Secretary: *Yes. Good evening. I would like to speak to Marcos Green in Human Resources.*
Telephone operator: *What is your name, please?*
Secretary: *My name is Joan Malta, with Microsoft.*
Telephone operator: *Just a moment, please.*
Caller: *Thank you.*

3.

Telephone operator: *Stars Media. Good afternoon. May I help you?*
Secretary: *Good afternoon. I would like to set a meeting with Carlos Pires in Marketing.*

Telephone operator:	*What is your name, please?*
Secretary:	*My name is Patricia Brown.*
Telephone operator:	*Just a moment, please.*
Secretary:	*Thank you.*

4.

Telephone operator:	*JJ Exports. Good afternoon. May I help you?*
Secretary:	*Yes, please. I'm calling about a position in the sales department.*
Telephone operator:	*What is your name please?*
Secretary:	*My name is Pat Prince.*
Telephone operator:	*Thank you Ms. Prince. Please hold. I will transfer your call to the personnel department.*

5.

Telephone operator:	*Eleverns Corporation. May I help you?*
Secretary:	*Yes, please. This is Sandra Luis from U.S.M. Associates calling for Sarah James in production.*
Telephone operator:	*Would you spell your name, please?*
Secretary:	*Yes. It's S-A-N-D-R-A L-U-I-S.*
Telephone operator:	*Thank you. Just a moment, please.*
Secretary:	*Sure, no problem.*

QUANDO VOCÊ ATENDE/*WHEN YOU ANSWER*

Bom-dia. Cosmo Papers. Em que posso ajudar?	*Good morning. Cosmo Papers. May I help you?*
Quem está falando, por favor?	*Who's calling, please?*
Posso saber quem está falando?	*May I ask who's calling, please?*
Com quem você gostaria de falar?	*Who would you like to speak with?*
Sinto muito, mas ele/ela não está disponível neste momento.	*I'm afraid he/she is not available at this moment.*
Sinto muito, mas ele/ela não está aqui.	*I'm afraid he/she is not in.*

A linha está ocupada.	*The line is busy.*
Continue.	*Go ahead.*
Ninguém atende.	*There is no answer.*
Você discou o número errado.	*You dialed the wrong number.*
Você gostaria de aguardar?	*Would you like to hold?*
Escritório do Dr...	*Dr. ...'s office.*
Você gostaria de esperar na linha?	*Would you like to hold the line?*
Vou colocá-lo em espera.	*I'll put you on hold.*

DIÁLOGOS/*DIALOGUES*

1.

Caller: *Good morning, I'd like to speak to Katya, please.*
Secretary: *Excuse me, do you have her last name?*
Caller: *Oh, I'm afraid I don't.*
Secretary: *Just a second, please(...) Here it is, her last name is Olsen. I'll transfer your call.*
Caller: *Thank you so much.*
Secretary: *You're welcome.*

2.

Caller: *Good afternoon I'd like to speak with Tony Rotherdam.*
Secretary: *Good afternoon, just a second, please.*
Caller: *OK.*
Secretary: *I'm sorry but the line is busy. Would you like to hold?*
Caller: *Sure, no problem.*

3.

Caller: *Good morning, this is Sam Winters speaking. I'd like to speak to Brian Wilson, please.*
Secretary: *Hold on a second, please.*
Caller: *OK.*

Secretary: *I'm sorry but Mr. Wilson is not in at the moment. Would you like to leave a message?*
Caller: *Yes. Tell him I'll call back tomorrow morning, around 10 a.m.*
Secretary: *Certainly, ma'am. Goodbye.*

4.
Caller: *Hello, can I speak to sales, please?*
Secretary: *I'm sorry, ma'am, but you have the wrong number. The right number is 0 800 123 456.*
Caller: *Thanks a lot!*
Secretary: *You're welcome.*

5.
Caller: *Is that Kraft & Kraft?*
Secretary: *Yes, ma'am, how can I help you?*
Caller: *I'm looking for Christopher Terrien. Do you know his department?*
Secretary: *Yes, ma'am, Mr. Terrien works in Human Resources. Just a moment, I'll put you through.*
Caller: *Thanks a bunch!*

TRANSFERINDO LIGAÇÕES/*TRANSFERRING CALLS*

Poderia aguardar, por favor?	*Will you hold, please?*
Vou transferir a ligação.	*I will transfer the call.*
Vou transferir a ligação.	*I'll put you through.*
Ramal, por favor.	*Extension number, please.*
Vou conectá-lo com o departamento...	*I'll connect you to the... department.*
Sinto muito, não consigo transferir.	*Sorry, I can't get through.*
Sinto fazê-lo esperar.	*Sorry to keep you waiting.*
Obrigada por ser paciente.	*Thanks for your patience.*

DIÁLOGOS/*DIALOGUES*

1.

Secretary: *World Press. Good morning, how can I help you?*
Caller: *Can I speak to Packaging, please?*
Secretary: *Of course, ma'am, I'll put you through.*
Caller: *Thank you.*

2.

Secretary: *Lawyers Associates. Good afternoon. May I help you?*
Caller: *I need to speak with Joe, is he there?*
Secretary: *Do you have his extension number or his last name?*
Caller: *His last name is Kanto. K-A-N-T-O.*
Secretary: *Thank you. I'll transfer the call.*

3.

Secretary: *Winters & Homers. Good morning. May I help you?*
Caller: *Yes, please. I'd like to speak to the Marketing Director.*
Secretary: *Mr. Stone is on another call, will you hold?*
Caller: *No, I'll call back later.*
Secretary: *OK, ma'am. Goodbye.*

4.

Secretary: *DJ Scanners. May I help you?*
Caller: *I need to speak to the invoice department.*
Secretary: *Sure, I'll get you through.*
Caller: *Thanks.*

5.

Secretary: *M.G.M. Good morning. Can I help you?*
Caller: *I called Mrs. Sanders yesterday but she was not in. Can I speak to her now? This is Louise Kapaldi.*
Secretary: *Just a second, please, Ms. Kapaldi, I'll check if she's available. (Pause) I'm transferring your call, ma'am.*
Caller: *Thank you.*

QUANDO VOCÊ NÃO COMPREENDE/ *WHEN YOU DON'T UNDERSTAND*

Desculpe. Você pode repetir, por favor?	*Sorry, could you repeat that, please?*
Desculpe, quem fala?	*I'm sorry, who is this?*
Fale mais devagar, por favor?	*Speak slower, please.*

DIÁLOGOS/*DIALOGUES*

1.

Secretary: *H.T.W. Good morning. May I help you?*
Caller: *Good morning. I've been trying to reach Miss Spataro but she's never available. Is she in right now? Sterling speaking.*
Secretary: *I'm sorry, who's this?*
Caller: *This is Rebecca Sterling from Patrick & Gambler.*
Secretary: *I'm afraid she's not in at the moment. Would you like to leave her a message?*
Caller: *Tell her to call me at 212 260-3467, please. It's urgent!*
Secretary: *Could you repeat your name, please?*
Caller: *Sterling. S-T-E-R-L-I-N-G.*
Secretary: *I'll give her the message as soon as she comes in.*
Caller: *Thanks.*

2.

Secretary: *P.I.P Computers. Good morning. Can I help you?*
Caller: *I bought a computer last week and it's not working properly.*
Can I talk to Support, please?
Secretary: *I'm sorry, ma'am, could you repeat that, please?*
Caller: *I need to speak to someone from Support.*
Secretary: *Thank you, ma'am, I'll transfer your call to Support.*

3.

Secretary:	*Lauren Simpson's. Good morning. May I help you?*
Caller:	*I need to make a complaint about a coffee machine I bought last week. Who should I speak to?*
Secretary:	*I'm sorry, could you speak slower please?*
Caller:	*I need to make a complaint about a coffee machine I bought last week. Who should I speak to?*
Secretary:	*I'll transfer you to Costumer Care, ma'am.*
Caller:	*Thanks.*

4.

Secretary:	*Hardware Store. Good morning, how can I help you?*
Caller:	*I'd like to speak to Stewart Benson. Can he come to the phone right now?*
Secretary:	*May I ask who's calling, please?*
Caller:	*This is his friend Tina Wilson. I need to speak to him urgently.*
Secretary:	*Can you repeat your name, please?*
Caller:	*Tina Wilson.*
Secretary:	*I'll put you through, Ms. Wilson.*

5.

Secretary:	*McBride Real Estate. Good afternoon.*
Caller:	*Can I speak to Mrs. McBride, please? This is Dellores Thisen.*
Secretary:	*I'm sorry, could you repeat your name?*
Caller:	*Dellores Thisen.*
Secretary:	*I'll transfer you to Mrs. McBride.*

PEDINDO À PESSOA QUE ESPERE/ ASKING THE PERSON TO *WAIT*

Só um momento, por favor.	Just a moment, please.
Um momento, por favor.	One moment, please.

DIÁLOGOS/*DIALOGUES*

1.

Caller: *Can I speak to Mr. Morroni, please?*
Secretary: *Sure. Just a moment, please.*

2.

Caller: *Can you transfer me to Sales?*
Secretary: *One moment, please.*

3.

Caller: *Do you have a quality department?*
Secretary: *Yes, we do. Just a moment, please.*

CONCORDANDO/*AGREEING*

Tudo bem. Não há problema.	*Ok, no problem.*
Com certeza.	*Sure.*
Certamente.	*Certainly.*
Entendo.	*I see.*

DIÁLOGOS/*DIALOGUES*

1.

Secretary: *Carlyle Architects. How can I help you?*
Caller: *Good morning. This is Sandra Parker. I have a meeting with Patrick tomorrow but I won't be able to make it. Can you give him a message?*
Secretary: *Certainly. What's the message, Miss Parker?*
Caller: *Tell Patrick I'll call him next week to set another meeting. I'm very sorry about that.*
Secretary: *OK, no problem. I'll give him your message.*
Caller: *Thank you, bye bye.*

2.

Secretary: *Good morning. How may I help you?*
Caller: *My name is Renata. I was supposed to come this afternoon to pick up Mr. Taylor's documents but I've had a problem and I won't be able to make it.*
Secretary: *I see. What should I tell Mr. Taylor?*
Caller: *Tell him I'll come by tomorrow, first thing in the morning.*
Secretary: *Certainly, Renata. I'll let him know you'll come tomorrow.*

3.

Caller: *Can you ask Mrs. Gibson to call me back?*
Secretary: *Sure. I will.*

4.

Secretary: *I'm afraid he's not in at the moment.*
Caller: *I see. Can I leave a message?*
Secretary: *Sure.*

5.

Caller: *Can I speak to Cristina, please?*
Secretary: *I'm afraid she's busy at the moment.*
Caller: *Can you ask her to call me next week?*
Secretary: *OK, no problem.*

RESPONDENDO A AGRADECIMENTOS/ *RESPONDING TO THANKS*

Às ordens.	*You're welcome.*
O prazer é meu.	*My pleasure.*
Por nada.	*Not at all.*

DIÁLOGOS/DIALOGUES

1.

Caller:	*Can you tell her I'll be waiting for her in front of the building at 6 p.m.?*
Secretary:	*Sure.*
Caller:	*Thank you, I appreciate that!*
Secretary:	*My pleasure.*

2.

Secretary:	*So, you want me to let him know you'll be tied up next Monday morning?*
Caller:	*Yes. I'll call him back to set another time.*
Secretary:	*I'll give him your message.*
Caller:	*Thank you so very much.*
Secretary:	*Not at all.*

3.

Secretary:	*Good morning. May I speak to Mr. Nakamura's secretary?*
Secretary 2:	*Yes, this is she. How can I help you?*
Secretary:	*This is Sheila, Mr. Yves secretary. I'm calling to inform you that Mr. Yves will be arriving in Tokyo next Tuesday, at 10 a.m.*
Secretary 2:	*That's good news! Somebody will pick him up at the airport. Thank you for calling.*
Secretary:	*You're welcome. Have a good day.*
Secretary 2:	*You too.*

ANOTANDO RECADOS/*TAKING MESSAGES*

Ao deixar ou ao anotar um recado, utilize linguagem simples e objetiva, evite detalhes. Informe o nome da pessoa, o nome da empresa, o motivo da chamada e a data.

Posso anotar algum recado?	*May I take a message?*
Quem gostaria de falar com ele?	*Who would like to speak with him?*
Que empresa você representa?	*What company do you represent?*
Qual o seu telefone, por favor?	*What is your telephone number, please?*

DEIXANDO RECADOS/*LEAVING MESSAGES*

Posso deixar um recado?	*May I leave a message?*
Favor dizer-lhe que o Sr. Gonçalves ligou.	*Please tell him that Mr. Gonçalves called.*
Por favor, peça a ela que nos retorne a ligação.	*Please ask her to call us back.*

DIÁLOGOS/*DIALOGUES*

1.

Telephone operator: *Temiko Accounting. Good morning. May I help you?*
Caller: *Good morning. This is Ana from Sotec. May I speak with John from Supplies?*
Telephone operator: *Just a moment, please. (Pause) I'm sorry, but he's not available right now. May I take a message?*
Caller: *Yes. Please ask him to call me back.*
Telephone operator: *Certainly. Can you please repeat your name and company?*
Caller: *Sure. It's Ana from Sotec.*
Telephone operator: *OK, thank you. I'll give him your message.*
Caller: *OK. Thank you.*

2.

Voice message: *Hello, this is J&E Office Supplies. We're not available at this moment. Please leave a message after the tone.*
Cristina: *Hello. This is Cristina Gomes from Sam Tracey Bros. I would like to speak with Mr. Santos from the marketing department. Please tell him I called. Thank you.*

3.

Voice message: *Hello, this is Harriet Jules. We're not available at this moment. Please leave a message after the tone.*
Secretary: *Hello. This is Mr. Gomes' secretary. He would like to speak with you. Please call us back. Thank you.*

4.

Voice message:	*You have reached 915 34 78, Home & Office Depot. We're sorry but we're not available right now. We're open Monday through Fridays from 9 to 5 and Saturdays from 9 to 1. Please leave a message after the tone.*
Secretary:	*This is Jessica from J.P. Office. You are supposed to deliver a couple of chairs Monday morning but we would like to set another time. Please call me back at 916 31 54. Thanks a lot.*

5.

Secretary:	*Nutrivet. Good afternoon. How can I help you?*
Secretary 2:	*Good afternoon, this is Sarah, Dr. Krammer's Secretary from Vet Associates.*
Secretary:	*How can I help you, Sarah?*
Secretary 2:	*Is Mrs. Tember there, I'd like to speak with her.*
Secretary:	*Sorry, she's in a meeting right now. Can I take your message?*
Secretary 2:	*Sure. Please tell her to call Dr. Krammer this afternoon. She needs to talk to her urgently.*
Secretary:	*Ok, no problem.*

6.

Caller:	*Good morning, I'd like to speak to the manager, please.*
Secretary:	*What company do you represent, ma'am?*
Caller:	*Martin Cooper.*
Secretary:	*Mrs. Simpson, our manager, is not available at the moment. Would you like to leave a message?*
Caller:	*Yes.*
Secretary:	*May I have your name and your number?*
Caller:	*Paila Seligson, 324 57 59. Tell her to call me about the catalog, please.*
Secretary:	*Certainly, ma'am. Have a nice day.*

MARCANDO COMPROMISSOS/*MAKING APPOINTMENTS*

Você gostaria de marcar um horário?	*Would you like to make an appointment?*
Eu gostaria de agendar uma reunião com a Clara, do departamento jurídico.	*I'd like to set a meeting with Clara from the legal department.*
Ele está disponível amanhã à tarde?	*Is he available tomorrow afternoon?*
Que tal na sexta-feira?	*How about Friday?*
Lamento. Mas isso não é possível.	*I'm sorry. But that's not possible.*

DIÁLOGOS/*DIALOGUES*

1.

Caller: *Good morning. I'd like to make an appointment with Dr. Simon, please.*
Secretary: *Good morning. What day would you like to come?*
Caller: *How about Thursday morning?*
Secretary: *I'm sorry but Thursday he's available in the afternoon only.*
Caller: *That's OK. Is he available at 5 p.m.?*
Secretary: *Yes, miss. It's set for Thursday at 5 p.m. Do you have our adress?*
Caller: *I do, I've been there before. Thanks a lot.*
Secretary: *You're welcome. Bye.*

2.

Secretary: *Golden Sunshine. Good morning, how can I help you?*
Caller: *I need to speak to Mr. Stephens. Actually I'd like to set a meeting with him, please.*
Secretary: *What's your name and what company do you represent, ma'am?*
Caller: *I'm sorry. My name is Jacquie Coll, I work for The Daily News.*
Secretary: *Oh, I see. When would you like to see Mr. Stephens? He's available only in the mornings.*
Caller: *Is he available this coming Friday, say, at 11 a.m.?*
Secretary: *Yes, he is.*
Caller: *I'll meet him on Friday at 11, then. Thanks a lot. Goodbye.*

Secretary: *You're welcome. Bye.*

3.

Caller: *Good afternoon, miss. Is this Dr. Philip's office?*
Secretary: *Yes, ma'am, how can I help you?*
Caller: *I'm Dr. Philip's client, I need to speak to him, please.*
Secretary: *I'm afraid Dr. Philip is not in at the moment. Would you like to leave a message, call him back or set an appointment?*
Caller: *Well, I really need to speak to him as soon as possible. If he's available this week I prefer to make an appointment. How about the day after tomorrow, in the morning?*
Secretary: *Sure. He'll be in. Is 9:30 ok for you?*
Caller: *9:30 is perfect for me. Thank you very much. I appreciate it.*
Secretary: *You're welcome. See you on Wednesday.*

CANCELANDO E ADIANDO COMPROMISSOS/*CANCELING AND POSTPONING APPOINTMENTS*

Preciso cancelar uma reunião.	*I need to cancel a meeting.*
Precisamos cancelar a viagem.	*We need to cancel the trip.*
Preciso transferir uma reunião.	*I need to postpone a meeting.*

DIÁLOGOS/DIALOGUES

1.

Secretary: *RET Electrical Supplies. Good morning.*
Caller: *Good morning. This is Marcia Narbon. I'd like to cancel a meeting set for tomorrow afternoon with Mr. Grant.*
Secretary: *Would you like to cancel it or set another date?*
Caller: *I would like to set another date, please.*
Secretary: *OK. How about next Monday at 3 p.m.?*
Caller: *That's just fine.*
Secretary: *OK then. We'll see you next Monday at 3 p.m. Have a nice weekend.*
Caller: *You too. Thank you. Goodbye.*

2.

Secretary 1:	*Good morning. I'm calling from San Sina. This is Mr. Castro's secretary.*
Secretary 2:	*Good morning.*
Secretary 1:	*I'm calling to set a meeting with Mr. Menezes. Is next Friday at 10 a.m. possible?*
Secretary 2:	*I'm sorry. But he will not be in the office in the morning. How about at 2:30 p.m.?*
Secretary 1:	*Let me see... OK. That's fine. Next Friday at 2:30 p.m. Set!*
Secretary 2:	*OK. Set. Have a nice day.*
Secretary 1:	*Thanks. You too. Bye.*

3.

Caller:	*Hello. This is Marcia Lindsay. I'm calling because I need to change an appointment I have with Dr. Baker late this week.*
Secretary:	*Yes, ma'am. What day was your appointment?*
Caller:	*It was supposed to be on Friday at 4 p.m.*
Secretary:	*What would you like to do? Would you like to transfer it?*
Caller:	*Please. Do you have anything available next Friday, the 21st?*
Secretary:	*Yes. How about 3 p.m.?*
Caller:	*3 p.m. sounds fine to me. Thanks a lot.*
Secretary:	*You're very welcome. Bye.*

4.

Secretary 1:	*Good morning. This is Dena, Mr. Stalin's secretary. I'm calling to cancel a meeting he would have with Mr. Chow.*
Secretary 2:	*Good morning, Dena, this is Pam, Mr. Chow's secretary.*
Secretary 1:	*Pam, Mr. Stalin won't be able to make it next Wednesday at 2 p.m. Is Mr. Chow available later this week?*
Secretary 2:	*He's free on Thursday at 2:30 p.m. Is that possible?*
Secretary 1:	*Well, I'll write this down but I need to check with him first. I'll call you back as soon as I speak with him. I'm terribly sorry about that.*
Secretary 2:	*Don't worry about it. Call me when you can. Bye.*
Secretary 1:	*Bye. Thanks.*

LIDANDO COM PROBLEMAS/*DEALING WITH PROBLEMS*

Poderia falar mais devagar, por favor?	*Could you speak slower, please?*
Desculpe, não entendi.	*Sorry, I didn't catch that.*
Poderia repetir, por favor?	*Could you repeat that, please?*
Não o consigo ouvir bem.	*I can't hear you well.*
Tem muito barulho aqui, pode falar mais alto?	*It's too noisy here, can you speak louder, please?*
A linha está entrecortada.	*You are breaking up.*
A linha está cruzada.	*The line is crossed.*
Não há resposta.	*There's no reply.*
Sinto muito, não falo inglês muito bem.	*Sorry but I don't speak English very well.*
A conexão não está boa.	*There's a bad connection.*

DIÁLOGOS/*DIALOGUES*

1.

Secretary: *Shultz & Spencer. Good morning. How may I help you?*
Caller: *Can I speak to Erick in Logistics?*
Secretary: *Sorry, ma'am, you are breaking up. Could you repeat please?*
Caller: *I'd like to speak to Erick.*
Secretary: *Do you have his last name?*
Caller: *No, I don't but I know he is in Logistics.*
Secretary: *Would you hold on a sec, please?*
Caller: *Sure. No problem.*
Secretary: *Sorry, ma'am, but there's no reply. Can I take a message?*
Caller: *Tell him to call Rodrigues at 2674-9857.*
Secretary: *Could you spell it, please?*
Caller: *R-O-D-R-I-G-U-E-S, at 2674-9857.*
Secretary: *I'll give him your message.*
Caller: *Thanks.*

2.

Caller:	*Is this Dr. Sim's office?*
Secretary:	*Yes, ma'am. May I help you?*
Caller:	*I'd like to make an appointment.*
Secretary:	*When would you like that?*
Caller:	*Next Tuesday, the 13th.*
Secretary:	*Sorry, I didn't catch that. Did you say Tuesday or Thursday?*
Caller:	*I said Tuesday, August 13th.*
Secretary:	*What time would you like?*
Caller:	*In the afternoon, please, any time.*
Secretary:	*Sorry, there's a bad connection, ma'am. Could you repeat the time?*
Caller:	*Any time.*
Secretary:	*Tuesday at 5 p.m. Is that OK?*
Caller:	*5 p.m. is fine. Thank you.*
Secretary:	*Thank you. Goodbye.*

DESPEDINDO-SE/*SAYING GOODBYE*

Tchau.	*Goodbye.*
Foi um prazer conversar com você.	*Nice talking to you.*
Obrigada por ter ligado.	*Thank you for calling.*
Tenha um bom fim de semana.	*Have a nice weekend.*

DIÁLOGOS/DIALOGUES

1.

Secretary:	*Gordon & Spencer. Good morning. How can I help you?*
Caller:	*Good morning. Can I speak to Mr. Soza, please?*
Secretary:	*Sorry, he's not in at the moment. May I take a message?*
Caller:	*No, thanks, I'll call back later. Have a nice day.*
Secretary:	*Have a nice day you too, ma'am.*

2.

Caller:	*Good afternoon. I'd like to speak to the manager please.*
Secretary:	*Good afternoon. Do you know his department?*
Caller:	*I don't know his department but I believe I have his extension number. It's 2245. Is it possible?*
Secretary:	*Yes, you want to speak to Mrs. Madera. She's in charge of Packaging. I'll put you through.*
Caller:	*Thank you very much for your help.*
Secretary:	*You're very welcome. Have a nice weekend.*

3.

Caller:	*Hello. I've bought a printer from you and I'm having some problems with it. Who should I talk to?*
Secretary:	*Just a moment, miss, I'll transfer your call to Support. (pause). I'm sorry but all lines are busy at the moment. Would you like to hold?*
Caller:	*Isn't there anybody else I could speak with?*
Secretary:	*I'm afraid not. All the defects are handled by the Support Department. Just a second, I'll put you through right now.*
Caller:	*Thank you very much for your help.*
Secretary:	*Not at all. Have a good day.*

DICAS/*TIPS*

- Procure, sempre que possível, quando tiver de falar ao telefone, estar em uma sala separada dos demais colegas, onde haja menos interferência ao redor.
- Logo no início da ligação, peça à pessoa para falar devagar (*"Could you speak slowly, please?"*).
- Feche os olhos enquanto a pessoa fala. Concentre-se naquilo que está sendo dito.
- Tenha sempre lápis e papel à mão para anotar informações importantes. Após anotar cada uma, repita-a (*"You've said Tuesday at 3 p.m., correct?"*). Ao fazê-lo, confirmamos a informação e forçamos a pessoa a falar pausadamente.

- Jamais diga que você entendeu alguma informação se não a entendeu. Peça à pessoa para repetir quantas vezes forem necessárias ("*Could you repeat that, please?*"). O que jamais poderá acontecer é utilizar alguma informação incorreta.

"You can't run a business without taking risks."

PABLO PICASSO

VERIFIQUE SEU PROGRESSO/*CHECK YOUR PROGRESS*

RECEIVING A CALL

Fill in the blanks.

Secretary:	*Word Press. Good morning. How* (a) __________ *I help you?*
Caller:	*Good morning. I'd like to speak to* (b) __________*, please.*
Secretary:	*Anyone in particular, ma'am?*
Caller:	*The* (c) __________.
Secretary:	*The manager is Mrs. Sanders but I'm afraid she's not in the office at the moment.*
Caller:	*I can speak to anyone in charge of HR,* (d) __________.
Secretary:	*All right. You can speak to Audrey Lemerts. I'll* (e) __________ *your call.*
Caller:	*Thank you very much.*
Secretary:	*You're* (f)__________.

POSTPONING A MEETING

Mark true (T) or false (F) for the statements below.

a. ( ) Nancy is Mr. Spark's secretary.
b. ( ) Mr. Spark and Mr. Perry have a meeting tomorrow at 4 p.m.
c. ( ) Laura is calling to cancel the meeting.
d. ( ) The meeting will be postponed.
e. ( ) They set another meeting for next Tuesday at 2 p.m.

LEAVING A MESSAGE

Answer the questions.

a. What's Electromart's phone number? ______________________

b. What are their business hours? ______________________

c. What option do the customers have? ______________________

d. Who's calling? ______________________

e. Why is she calling? ______________________

f. What's her message? ______________________

g. What does she say she'll do? ______________________

CALLING FOR INFORMATION

Match the columns according to the listening and fill in the gaps.

a. Information about	( ) lectures
b. Jazz festival	( ) main events and tours
c. Kennedy Center	( ) from Thu to Sun
d. Tours	( ) lunch time concerts
e. Riverside's hall	( ) Saturday and Sunday

For accommodations: (f)________________

To (g)__________ the tours: press ______

For other (h)__________: press 3

Further information: (i)_____________ line

RECEIVING A CALL

Tick the correct sentence in each pair.

a. ( ) Martin Gering is calling.
( ) He's calling on behalf of Martin Gering.

b. ( ) Martin Gering works in Sales.
( ) Mr. Shawn works in Sales.

c. ( ) Mr. Shawn is busy.
( ) Mr. Shawn is not available at the moment.

d. ( ) The secretary offers to take a message.
( ) The secretary asks him to call later.

e. ( ) Dorothy Wilson is in charge of Project SYMEX.
( ) Dorothy Wilson may be able to help him.

TAKING MESSAGES

Fill out the memos.

a.

Memo

To:

From:

Message:

b.

Memo

To:

From:

Message:

c.

Memo

To:

From:

Message:

d.

Memo

To:

From:

Message:

e.

Memo

To:

From:

Message:

DEALING WITH PROBLEMS

Fill in the gaps.

Secretary: Hello, Dallignea (a)____________. How can I help you?

Caller: Hello, I'm calling from France, on (b)_______ of Jean Floret, from S&P. I need to speak to Carlos Santos, please. Is he there?

Secretary: I'm sorry, (c)______ ____ ______ _______, please?

Caller: I need to speak to Carlos Santos. I'm calling from France.

Secretary: Mr. Santos is traveling on business. He'll be back next (d)_________, on the 20th. Would you like to (e)________ him a message?

Caller: Yes. Tell him the presentations to R&S, in Switzerland, have been (f)____________. We'll have to (g)_______ another date.

Secretary:	I'll ask Mr. Santos to call you back as soon as he arrives in Brazil. Can you (h)________ me your phone number, please?
Caller:	Mr. Santos has our phone.
Secretary:	Sorry, I didn't (i)__________ that.
Caller:	I said Mr. Santos has our number.
Secretary:	All right. I'll give him the message.
Caller:	Have a nice day.
Secretary:	Have a nice day. Thanks for (j)__________.

RENTING A CAR

Mark *true* (T), *false* (F) or *I don't know* (DK) for the statements below.

a. ( ) The secretary is calling from Miami.

b. ( ) The secretary would like to rent any car for three days.

c. ( ) Pick up is in Tampa. Drop off is in Miami.

d. ( ) The car will cost US$50 per day.

e. ( ) The receptionist doesn't have any other cars.

f. ( ) The secretary decides to call later.

BOOKING A FLIGHT

Check the correct statements.

a. Flight:	( ) from Tokyo to São Paulo ( ) Saturday
b. Seats:	( ) on the 6 a.m. flight ( ) on the 6 p.m. flight
c. Two hours check in time:	( ) Economy ( ) Business
d. Method of payment:	( ) credit card ( ) cash

BOOKING A TABLE

Fill in the gaps.

Host: (a)________ _________. Good morning. How can I help?

Secretary: Good morning. I'd like to (b)________ __ ________ for six people.

Host: Sure. Just a moment. How many people will be?

Secretary: (c)_______ people.

Host: When do you need the table, ma'am?

Secretary: For (d)___________, please. And let me ask you: do you have options for vegetarians? (e)______ of them are vegetarians.

Host: Oh, yes! We have many vegetarian dishes on the menu and some vegetarian (f)_____________ too.

Secretary: That's perfect.

Host: Under the name of...

Secretary: Under the name of (g)_________ _________. Thank you so much.

Host: You're very welcome.

BOOKING A HOTEL ROOM

Fill in the gaps.

The reservation is for (a)______ person(s) from February(b)_____ to ____.

The secretary requests a (c)________ room, with a _________ bed and a _________ bath.

The room available is on the (d)_______ floor.

The room will cost U$(e)________, including tax and will be paid with (f)_____________.

CAPÍTULO 7

Comunicação escrita / *Written communication*

DIÁRIO DE UMA SECRETÁRIA

Após todos esses exercícios, estava com muita fome. Na volta para o escritório, dei uma passadinha no *drive-through* e comprei um *milk shake*, um *cheeseburger* e um *donut*. Como eu sabia que teria de ficar até tarde no escritório, liguei para a *babysitter* e combinei que ela ficaria com meu *baby* até eu voltar. Dei uma retocada no meu *make-up*, e voltei ao trabalho.

A comunicação escrita dentro da empresa deve nortear-se sempre pela objetividade e clareza, seja ela por cartas, e-mails, IM (*Instant Messenger*) ou em um simples memo (memorando).

Tenha sempre em mente a pessoa a quem você está se dirigindo e qual a mensagem que deseja transmitir.

Lembre-se, também, de que as cartas e os e-mails, bem como as outras formas de comunicação mais simples, não devem conter erros de gramática nem de ortografia, o que poderá afetar a imagem da empresa.

Hoje em dia, com os recursos que temos nos computadores, não há desculpa alguma. Leia as mensagens com muito cuidado antes de enviá-las, a fim de fazer uma boa revisão.

VOCABULÁRIO GERAL PARA CARTAS E E-MAILS/ *GENERAL VOCABULARY FOR E-MAILS AND LETTERS*

INICIANDO/*OPENING*

Prezado(a)	*Dear*
A quem interessar possa	*To whom it may concern*
Obrigado por sua resposta.	*Thank you for your prompt reply.*
Estou escrevendo para responder...	*I'm writing in response to...*
Com relação ao...	*With reference to...*

SOLICITANDO; INFORMANDO/*REQUESTING; GIVING INFORMATION*

Favor enviar...	*Please provide/send...*
Favor responder...	*Please respond at your earliest convenience...*
Conforme solicitado...	*As you requested...*
Ficaria grato se o/a senhor/a pudesse...	*I would be grateful if you could...*

RESPONDENDO A UMA SOLICITAÇÃO/*RESPONDING TO A REQUEST*

Ficaria contente em...	*I would be delighted to...*

COMUNICANDO ALGO DESAGRADÁVEL/*GIVING BAD NEWS*

Receio que...	*I'm afraid that...*
Infelizmente...	*Unfortunately...*

ENCERRANDO/*CLOSING*

Aguardamos seu contato em breve.	*We look forward to hearing from you soon.*
Gratos por sua colaboração.	*Thank you for your help.*
Favor entre em contato se...	*Please contact us if...*

SAUDAÇÕES FINAIS/*SALUTATIONS*

Saudações	*Regards/Best regards*
Saudações	*Best wishes* (mais informal)
Saudações cordiais	*Yours faithfully* (se você não souber o nome da pessoa)
Saudações cordiais	*Yours sincerely* (se você souber o nome da pessoa)

ANEXANDO DOCUMENTOS/*ATTACHING DOCUMENTS*

Estou anexando...	*I am attaching...* (e-mails)
Estou anexando...	*I am enclosing...* (letters)
Anexado...	*Please find attached...* (e-mails)
Anexado...	*Please find enclosed...* (letters)

MEMO

Um memorando é uma mensagem curta, geralmente um lembrete, para alguém sobre algum assunto ou recado telefônico.

Memorando

To: Mr.Cole

From: Mr.Smith

Date: 6/3/2010

Subject: Meeting

Confirmed, May, 23, 3 p.m.

Phone message

To: Sales Director

From: Paul Lavin

Date: 9/4/2010

Message taken by: Stela

Message: Call today

IM (INSTANT MESSENGER)

Existem, hoje em dia, vários aplicativos para a comunicação instantânea dentro da empresa. O *IM* é geralmente usado entre funcionários por ser fácil, ágil e, como o próprio nome diz, instantâneo. Regras de gramática são válidas, mas lança-se mão de várias abreviaturas, conforme lista a seguir:

AFK	Away From Keyboard
AKA	Also Known As
ASAP	As Soon As Possible
ATTN	Attention
AYK	As You Know
B/C	Because
B4	Before
BBL	Be Back Later
BTW	By The Way
CB	Call Back
COB	Close Of Business
CU	See You
CYA	See You
OTF	On The Phone
K	Okay
KBD	Keyboard
KIT	Keep In Touch
IAW	In Accordance With

IBB	I'll Be Back
IC	I See
IDT	I Don't Think
IMS	I Am Sorry

E-MAIL

A maior parte da comunicação de uma empresa hoje acontece via e-mail. Raras são as pessoas que não se queixam de suas caixas de correios superlotadas, da falta de tempo de ler todas as mensagens e da necessidade de responder a todos. Portanto, siga algumas regras básicas ao redigir seus e-mails.

- Seja objetivo e informe o assunto no título do e-mail, indo diretamente ao objeto da mensagem na(s) primeira(s) linha(s);
- Se possível, utilize *bullet points* (marcadores) para resumir os diversos pontos de sua mensagem;
- Apesar de e-mails serem um tipo de comunicação informal, adapte sua linguagem ao interlocutor e lembre-se de usar a "netiquette" (etiqueta na internet);
- Os e-mails não devem ser longos. Escreva frases e parágrafos curtos;
- Use sempre sua assinatura ao final do e-mail;
- Regra de ouro: KISS – "**k**eep **i**t **s**hort and **s**imple".

AGENDAMENTO DE REUNIÃO/*SETTING A MEETING*

To: managers@stal.com; supervisors@stal.com
Subject: Call for meeting

To all managers and supervisors:

Our CEO Mr. John Debree requests your presence on May 23rd, at 9:30 a.m. to discuss action plan for the second semester.
Venue: Auditorium.
Agenda will be forwarded shortly.
Please confirm participation.

Regards,

Vanda Silva
Secretary
Stal Ltd.

To: denise_mendes@calendar.com
Date: 06/03/2011
Subject: Ms. Berg's visit to NYC

Dear Mrs. Mendes:

Our president, Ms. Alice Berg, plans to be in New York City on July 11, and would like to discuss the possibility of working with you on the Blue Macaw project.

I'll give you a call next week to see if we can set up a convenient time to meet.

Regards,
Marcia Lince
Secretary

AGRADECIMENTO PELA RESPOSTA OBTIDA/*THANKING A RESPONSE*

To: denise_mendes@calendar.com
Date: 06/10/2011
Subject: Ms. Berg's visit to NYC

Dear Mrs. Mendes:

Thanks for setting up the meeting on July,12.
Ms. Alice Berg is looking forward to seeing you and discussing the Blue Macaw project.

Sincerely,
Marcia Lince
Secretary

ADIAMENTO DE REUNIÃO/*POSTPONING A MEETING*

To: managers@stal.com; supervisors@stal.com
Subject: Postponement of meeting

To all managers and supervisors:

Due to change in schedule, our CEO Mr. John Debree postpones meeting to May 25th, at 9:30 a.m. to discuss action plan for the second semester.
Venue: Auditorium.
Agenda will be forwarded shortly.
Please confirm participation.

Regards,

Vanda Silva
Secretary
Stal Ltd.

CANCELAMENTO DE REUNIÃO/*CANCELLING A MEETING*

To: managers@stal.com; supervisors@stal.com

Subject: Cancellation of meeting

To all managers and supervisors:

Due to change in schedule, our CEO Mr. John Debree cancels meeting set for May 25th, at 9:30 a.m.

Date for new meeting will be informed asap.

Please confirm.

Regards,

Vanda Silva

Secretary

Stal Ltd.

CARTAS/*LETTERS*

As cartas devem ser igualmente objetivas, claras, sem erros de gramática ou ortografia, obedecendo aos seguintes padrões:

(a) Data/*Date*

(b) Nome, título e endereço do destinatário/*Inside address*

(c) Saudação/*Greeting*

(d) Corpo da carta; parágrafos/*Body of the letter; paragraphs*

(e) Fechamento/*Complimentary close*

(f) Assinatura/*Signature*

(g) Iniciais de quem digitou a carta/*Identification line*

CARTA DE AGRADECIMENTO APÓS REUNIÃO/ *A FOLLOW-UP LETTER TO MEETING*

(a) June 25,2010

(b) Mr. Wesley Carlon, Chairman

Allman Plastics

141 Park Rd.

Austin, Texas 96826

(c) Dear Mr. Carlon:

(d)

Thank you for meeting me at the Sheraton Plaza last Tuesday. It was a pleasure to meet with you and the other partners of your organization to discuss your company's needs. I hope this is the beginning of a solid relationship between our two companies.

Please feel free to call on me at any time to discuss your needs. I would be glad to meet with you again to review any points you would like to discuss.

Thank you again for the meeting. I hope to be able to work with you in the near future.

(e)Sincerely,

(f)Stephen Sanders
Director

(g)op

CARTA DE SAUDAÇÕES PARA O FINAL DO ANO/ *A LETTER OF HOLIDAY GREETINGS*

January 23, 2011.

Mr. Milton Caballero, Director
141 E 20th St.
NYC 76490

Dear Mr. Caballero:

We at E3 would like to express our best wishes to you during this holiday season. We appreciate your business and look forward to serving you in 2011.

May the new year bring you and your family health, happiness and accomplishments.

Yours truly,
Melinda Santos
President

jp

AGENDA/*AGENDA*

Agendar é planejar uma reunião (pauta). Existem vários modelos de agendas, assim como de atas. Sugerimos um dos modelos a seguir, que poderá ser adaptado às necessidades da empresa.

AGENDA

(TYPE OF MEETING AND/OR SUBJECT)

(DATE, TIME AND LOCATION)

Time	Item	Responsible
3 p.m.	Opening	Chairperson
3:15 p.m.	Announcements and documents received	Executive Secretary
3:30 p.m.	Approval of minutes of last meeting and reading of action list	CFO
3:45 p.m.	Discussion of new investments	Board
5:00 p.m.	Other business	
5:15 p.m.	Adjournment	Chairperson

ATA/*MINUTES*

Existem muitos modelos de ata. A que apresentamos a seguir é apenas uma possibilidade dentre muitas. A ata deve adequar-se às necessidades e aos objetivos de cada organização.

MEETING MINUTES

Date: Sep, 23rd

Start: 9 a.m.

End: 11:30 a.m.

Place: Board room

Chair: Mr. Silva

Members present: Gomes, Alves, Saraiva, Santos, Ferreira.

Approval of the agenda: (The agenda was unanimously approved)

Announcements: new location, auditorium remodeling, expansion of the parking lot, new hires

Issues: CEO's trip to New Zealand, investment in the new plant

Minutes submitted by: Carla Gonçalves

ABREVIATURAS NORMALMENTE USADAS EM COMUNICAÇÃO ESCRITA/ *ABBREVIATIONS COMMONLY USED IN WRITTEN COMMUNICATION*

a/c	*account*
a.m.	*ante meridiem (before noon)*
a/o	*account of (on behalf of)*
ASAP	*as soon as possible*
ATM	*automated teller machine (cash dispenser)*
attn	*for the attention of*
Cc	*copy to (e-mail)*
CEO	*chief executive officer*
CFO	*chief financial officer*
COO	*chief operating officer*
CTO	*chief technology officer*
c/o	*care of (in letters: at the address of)*
Co	*company*
dept	*department*
e.g.	*for example*
faq	*frequently asked questions*
EGM	*extraordinary general meeting*
ETA	*estimated time of arrival*
ETD	*estimated time of departure*
Etc.	*et cetera*
GDP	*gross domestic product*
GNP	*gross national product*
GMT	*Greenwich mean time (time in London)*
i.e.	*that is*
Inc	*incorporated*
K	*thousand*
Ltd	*limited company*
mo.	*month*
N/A	*not applicable*

no.	*number*
ooo	*out of office*
PA	*personal assistant*
Plc	*public limited company*
pls	*please*
p.m.	*post meridiem (after noon)*
p.p.	*when signing in a person's absence*
PR	*public relations*
p.s.	*post scriptum*
p.w.	*per week*
qty	*quantity*
R & D	*research and development*
re	*with reference to*
RSVP	*répondez* s'*il* vous plaît *(please reply)*
VIP	*very important person*

SINAIS DE PONTUAÇÃO/*PUNCTUATION MARKS*

Ponto final	.	*Period or Full stop*
Dois-pontos	:	*Colon*
Ponto e vírgula	;	*Semicolon*
Barra	/	*Slash*
Colchetes	[ ]	*Brackets*
Aspas	“”	*Quotation marks*
Reticências	...	*Ellipsis*
Vírgula	,	*Comma* [coma]
Ponto de interrogação	?	*Question mark*
Ponto de exclamação	!	*Exclamation mark*
Hífen	-	*Hyphen*
Parênteses	( )	*Parentheses*
Apóstrofo	‘	*Apostrophe*
Travessão	-	*Dash*

SÍMBOLOS/*SYMBOLS*

"

Asterisco	*	*Asterisk*
Arroba	@	*At*
Sublinhado	_	*Underscore; underline*
Barra invertida	\	*Backslash*
Grau	°	*Degree*
Sustenido	#	*Number sign; hashtag*
Til	~	*Tilde*
Acento circunflexo	^	*Caret*

Life is my college.
May I graduate well, and earn some honors."

LOUISA MAY ALCOTT

VERIFIQUE SEU PROGRESSO/*CHECK YOUR PROGRESS*

1 Coloque as palavras na ordem correta.

a. may to it whom concern

b. respond your please convenience at earliest

c. from look we you forward hearing to soon

d. prompt thank for you your reply

2 Correlacione as colunas.

a. I'm writing	( ) attached
b. With reference	( ) for your help
c. I'm afraid	( ) to
d. Thank you	( ) that
e. Please find	( ) in response to

3 Encontre os oito erros no texto a seguir.

> *Dears Mr. John:*
>
> *It was a pleasure haved you with us last week.*
> *We hoped you enjoy your stay.*
> *We are look forward to have you with us again.*
>
> *Best regard,*

4 Escreva em inglês.

a. Devido à mudança de horário, cancelamos a reunião de quinta-feira.

____

b. Lamentamos, mas o Sr. Schee chegará atrasado para o evento.

____

c. Precisamos aprovar a minuta da última reunião.

____

d. Informamos que nosso diretor estará presente na reunião em São Paulo.

____

5 Seu diretor pede que você elabore um e-mail para um cliente. Ele fornece os seguintes dados:

1) Destinatário: Sr. Ligone
2) Assunto: convidar para participar do próximo treinamento
3) Onde: Porto Alegre
4) Quando: de 23 a 27 de julho
5) Pedir confirmação até o dia 1º de julho

CAPÍTULO 8

Enganos e dúvidas recorrentes / *Recurrent mistakes and questions*

PRONOMES POSSESSIVOS/*POSSESSIVE PRONOUNS*

Your	É usado para se referir a substantivos que pertencem à **pessoa com quem se está falando**.	*I enjoyed your presentation.*
His	É usado para se referir a algo que pertence a um **homem.**	*His project is very interesting.*
Her	É usado para se referir a algo que pertence a uma **mulher.**	*Mr. Sanders is her boss.*
Their	É usado para se referir a algo que pertence a mais de uma pessoa (sem incluir o falante e a pessoa com quem se fala).	*Their action plan is very creative.*

ALL/EVERY

All	Integralidade	*We need to finish all the reports today.*
Every	Frequência	*I go to the office every Monday and Thursday.*

DURING/WHILE/FOR

During + noun	*We didn't speak **during** the presentation.*
For + a period of time	*I worked in that firm **for** 4 years.*
While + verb	*He phoned **while** traveling.*

OMISSÃO DO SUJEITO OU OBJETO

Em inglês, toda frase deve ter um sujeito e um objeto. As únicas exceções são as frases no imperativo: *Stop!* Quando o sujeito ou o objeto forem ocultos, devemos usar o pronome *it*.

Exemplos:

It rained yesterday.
The CEO didn't like it.

SOME/ANY

Some e *any* são usados para quantificar substantivos contáveis e não contáveis.

EM FRASES AFIRMATIVAS, GERALMENTE USAMOS *SOME*.

Exemplo:

We need some new computers for the office.

QUANDO OFERECEMOS ALGO A ALGUÉM.

Exemplo:

Would you like some coffee?

EM FRASES NEGATIVAS, USAMOS *ANY*.

Atenção: A palavra *any*, sozinha, não expressa forma negativa. Ela deve ser usada assim: "*not ... any*".

Exemplo:

We did not buy any computers.

EM PERGUNTAS, GERALMENTE USAMOS *ANY*.

Exemplo:

Will you buy any computers?

LOOK FORWARD TO + -ING

Look forward to significa aguardar, estar na expectativa de.

Se a expressão for seguida de um objeto, não é necessário usar o gerúndio. Mas, se a expressão for seguida de um verbo, esse verbo deve estar no gerúndio (*-ing*).

Exemplo:

I look forward to our trip.
*I look forward to meet**ing** you.*

FROM/OF

From	Origem	*I'm from South America.*
Of	Posse	*He gave me the letters of Mr. Smith.*

AT THE END/IN THE END

At the end	O momento em que algo termina.	*At the end of the meeting, everyone shook hands.*
In the end	É usado quando queremos mostrar um resultado.	*They argued, but in the end they agreed.*

REMEMBER/REMIND

Remember	Lembrar-se de	*I remembered to buy the material for the project.*
Remind	Fazer lembrar de	*Please remind me to bring the material for the project.*

LIVE/ALIVE

Live (verb) [lív]	Viver	*I live in Brazil.*
Live (adverb) [láiv]	Ao vivo	*The CD was recorded live.*
Alive (adjective) [ãláiv]	Vivo	*Their hope was still alive.*

WOULD YOU LIKE/DO YOU LIKE

Do you like...?	Queremos saber se alguém gosta de alguém ou de algo.	*Do you like coffee?*
Would you like...?	Queremos oferecer algo para alguém ou convidar alguém para fazer algo.	*Would you like some coffee?* *Would you like to begin?*

GOOD/WELL

Good	*Good* é um adjetivo e, portanto, descreve um substantivo.	*It was a very good meeting.*
Well	*Well* é um advérbio e, portanto, descreve um verbo.	*The meeting went well.*

MANY/MUCH/VERY

Many	Quantidade contável	*They want many clients.*
Much	Quantidade incontável	*There isn't much money.*
Very	Qualidade de um adjetivo	*It was a very nice project.*

BORROW/LEND

Borrow	Tomar emprestado de	*You borrow a book from a library.*
Lend	Emprestar para	*I will lend you my book.*

COLLOCATIONS

Uma *collocation* são duas ou mais palavras que sempre aparecem juntas.

DO

Do a good job	Fazer um bom trabalho
Do a test or a quiz	Fazer um teste
Do business	Negociar
Do errands	Executar tarefas
Do exercise	Fazer exercício
Do harm	Prejudicar
Do nothing	Fazer nada
Do one's best	Dar o melhor de si
Do research	Fazer pesquisa
Do somebody a favor	Fazer um favor a alguém
Do something	Fazer algo
Do the cleaning	Limpar
Do well	Ter sucesso

MAKE

Make a beverage (coffee, tea)	Uma bebida (café, chá)
Make a change	Fazer uma mudança
Make a choice	Fazer uma escolha
Make a deal	Fazer um acordo
Make a decision	Tomar uma decisão
Make a difference	Fazer diferença
Make a fortune	Fazer uma fortuna
Make a list	Fazer uma lista
Make a meal (breakfast, lunch, dinner)	Preparar uma refeição (café da manhã, almoço, jantar)
Make a mistake	Cometer um erro
Make a noise	Fazer um ruído
Make a phone call	Dar um telefonema
Make a profit	Lucrar
Make a promise	Fazer uma promessa
Make a speech	Fazer um discurso
Make a suggestion	Dar uma sugestão
Make an attempt	Fazer uma tentativa
Make an effort	Fazer um esforço
Make an exception	Abrir uma exceção
Make an excuse	Dar uma desculpa
Make an offer	Fazer uma oferta
Make arrangements	Organizar; planejar
Make friends	Fazer amigos
Make money	Ganhar dinheiro
Make plans	Fazer planos
Make progress	Progredir
Make something easier	Facilitar
Make the most of	Aproveitar ao máximo

TAKE

Take a break	Fazer um intervalo
Take a look	Dar uma olhada
Take a rest	Descansar
Take a seat	Sentar-se
Take a taxi	Pegar um táxi
Take notes	Anotar

GET

Get a job	Conseguir um emprego
Get angry	Ficar bravo
Get lost	Perder-se
Get nowhere	Chegar a lugar nenhum
Get permission	Obter permissão
Get ready	Aprontar-se
Get started	Iniciar
Get the impression	Ficar com a impressão de
Get the message	Entender o sentido de algo
Get upset	Ficar chateado
Get worried	Preocupar-se

OUTROS EXEMPLOS DE *COLLOCATIONS*/ *OTHER EXAMPLES OF COLLOCATIONS*

Absent from	Ausente de
Afraid of	Com medo de
Aware of	Ciente de
Bear in mind	Ter em mente

Certain about	Certo de
Chair a meeting	Presidir uma reunião
Close a deal	Fechar um negócio
Close a meeting	Encerrar uma reunião
Confused about	Confuso sobre
Depend on	Depende de
Different from	Diferente de
Draw a conclusion	Chegar a uma conclusão
Draw your attention to	Chamar a atenção à
Familiar with	Familiarizado com
Get to the point	Ir direto ao assunto
Go bankrupt	Ir à falência
In charge of	Encarregado de
Interested in	Interessado em
Known for	Conhecido por
Late for	Atrasado para
Launch a product	Lançar um produto
Ready for	Pronto para
Related to	Relativo a
Responsible for	Responsável por
Similar to	Parecido com
Sorry about	Lamento por
Worried about	Preocupado com

GERÚNDIO OU INFINITIVO APÓS O VERBO?

Em inglês, alguns verbos pedem que o verbo seguinte esteja ou no gerúndio ou no infinitivo. Veja os exemplos:

Exemplos:

*Would you mind wait***ing***?*
*Please avoid call***ing** *Mr. Stanford in the morning.*
You need **to** *dial 9.*
I decided **to** *call Mr. Thompson.*

VERBS + INFINITIVE (TO)

Forget to	*I forgot to give you the message.*
Hope to	*I hope to talk to you soon.*
Need to	*He needs to wait for me.*
Offer to	*We offered to pick her up at the airport.*
Plan to	*They plan to arrive here at 3pm.*
Promise to	*She promised to pay me back.*
Remember to	*Remember to call me tomorrow.*
Want to	*I want to send him an e-mail right now.*
Want to	*I want to participate in that meeting.*
Would like to	*Would you like to speak to her?*

VERBS + GERUND (-ING)

Enjoy	*He enjoyed reading the book.*
Finish	*Have you finished writing the message?*
Hate	*I hate doing his job.*
Mind	*I don't mind reading e-mails.*
Spend (time)	*They spend hours preparing the agenda.*
Stop	*Would you stop talking, please?*

ADJETIVOS + -ED;-ING

Os adjetivos terminados em *-ed* expressam como uma pessoa se sente, e os adjetivos terminados em *-ing* descrevem como uma situação ou pessoa é.

Descreve um sentimento	Descreve uma pessoa ou uma situação
*The staff were bor***ed**.	*The meeting was bor***ing**.
*The passengers were tir***ed**.	*The flight was tir***ing**.
*The readers were confus***ed**.	*The manual was confus***ing**.

OF/OFF

Of é pronunciado [ãv] e significa "de".	*We need a lot of time to finish the research.*
Off é pronunciado [óf] e significa desligado, fora.	*Please turn the machines off.*

TRIP/TRAVEL

As palavras *trip* e *travel* podem ser verbos ou substantivos. Vai depender de como são usadas. A fim de evitar confusões, sugerimos usar a palavra *trip* como substantivo (por exemplo, *My trip to Australia was very interesting.*) e a palavra *travel* como verbo (por exemplo, *My boss is going to travel to England next week.*).

FOREIGN/FOREIGNER/ALIEN

Foreign é um adjetivo e serve, dentre outros significados, para descrever algo ou alguém pertencente a outro país. Diz-se [fóren].

Exemplo:

He is a foreign student. This is a foreign custom.

Foreigner é um substantivo e serve para descrever uma pessoa vinda de outro país.

Exemplo:

She was not born here. She's a foreigner.

Alien é um substantivo usado em documentos jurídicos para descrever uma pessoa que se encontra em um país que não é o seu.

Exemplo:

He's an illegal alien.

ARROBA

É muito comum, quando se fala ao telefone, precisar informar algum endereço eletrônico. De modo geral, não há problema até chegarmos à arroba (@). Isto é, quando dominamos o alfabeto em inglês. Bem, aqui vai uma dica que ajuda a lembrar o nome da arroba em inglês. Pense assim: fulano *at home, at the office, at work*... "at". O símbolo @ é chamado "at" em inglês. Diga seu endereço eletrônico!

BILLBOARD

Outdoor significa, literalmente, fora da porta, ou seja, externo.

Exemplo:

The hotel has an outdoor pool.

Indoor significa, literalmente, dentro da porta, ou seja, interno.

Exemplo:

The hotel has an indoor pool.

Em inglês, aqueles painéis enormes de propaganda que vemos nas ruas são chamados de *billboards*, e não de *outdoors*, como costumam ser chamados no Brasil.

Exemplo:

There is a very creative billboard on the corner of the street.

"We must become the change we want to see."

MAHATMA GANDHI

VERIFIQUE SEU PROGRESSO/*CHECK YOUR PROGRESS*

1 Escreva em português.

a. O computador dela.______________________________

b. O computador dele. ______________________________

c. O teu programa. ______________________________

d. O programa deles. ______________________________

e. A promoção dela.______________________________

2 Complete as frases. Use *all* ou *every*.

a. My CFO plays tennis __________ morning.

b. My assistant must finish __________ the reports today.

c. Mr. Gomes will be away __________ week.

d. The President buys a new car __________ year.

3 Complete as frases. Use *during, while* ou *for*.

a. He didn't contact me __________ the trip.

b. He called me several times __________ traveling

c. I worked in that company __________ 12 years.

d. I'm going to organize my files __________ the week.

e. I studied in that school __________ 5 years.

4 Coloque as frases a seguir em ordem. Inclua o pronome *it* onde for necessário.

a. for is difficult her ______________________________

b. very is cold ______________________________

5 Complete as frases. Use *some* ou *any*.

a. Are there __________ outlets in the room?

b. Do you have __________ pens you could give me?

c. We need to rent __________ tables for the event.

d. The chairman requested __________ extra material.

6 Complete o relatório a seguir. Use *good* ou *well*.

Report

a. The flight went __________.

b. The hotel is very __________.

c. The first meeting was long but very __________.

d. I hope I can sleep __________ and be prepared for tomorrow's meeting.

7 Complete as frases. Use *many, much* ou *very*.

a. Our client in Rio de Janeiro is __________ big.

b. Our office needs to sell __________ printers.

c. There isn't __________ competition in this market.

8 Complete o adjetivo com *–ing* ou com *–ed*. Use os verbos fornecidos.

a. The manual was very __________ (confuse).

b. The employees felt very __________ (motivate).

c. The delay of the flight was __________ (frustrate).

d. The inflation was __________ (terrify).

Lista de verbos irregulares

INFINITIVO/ INFINITIVE	PASSADO/PAST	PARTICÍPIO (IDO/ADO)/PAST PARTICIPLE	TRADUÇÃO/ TRANSLATION
be – am, is, are	was/were	been	ser; estar
beat [bít]	beat [bít]	beaten	bater
become	became	become	tornar-se
begin	began	begun	iniciar
bite [báit]	bit [bít]	bitten [bíten]	morder
blow	blew	blown	assoprar
break	broke	broken	quebrar
bring	brought [brót]	brought [brót]	trazer
build [bíld]	built [bílt]	built	construir
burn	burned (Am) burnt (Br)	burned (Am) burnt (Br)	queimar
buy [bái]	bought [bót]	bought [bót]	comprar
catch	caught [cót]	caught [cót]	pegar; apanhar
choose [tchús]	chose [tchôs]	chosen	escolher
come	came	come	vir
cost	cost	cost	custar
cut	cut	cut	cortar
do	did	done	fazer

INFINITIVO/ INFINITIVE	PASSADO/PAST	PARTICÍPIO (IDO/ADO)/PAST PARTICIPLE	TRADUÇÃO/ TRANSLATION
draw	drew	drawn	desenhar
dream	dreamed/dreamt (Am & Br)	dreamed/dreamt (Am & Br)	sonhar
drink	drank	drunk	beber
drive	drove	driven	dirigir
eat [ít]	ate [eit]	eaten	comer
fall	fell	fallen	cair
feed [fíd]	fed [fêd]	fed	alimentar
feel [fíl]	felt	felt	sentir
fight [fait]	fought [fót]	fought [fót]	lutar
find	found	found	encontrar
fly	flew	flown	voar
forget	forgot	forgotten	esquecer
forgive	forgave	forgiven	perdoar
get	got	gotten (Am) got (Br)	pegar; obter
give	gave	given	dar
go	went	gone	ir
grow	grew	grown	crescer
hang	hung	hung	pendurar
hang	hanged	hanged	enforcar
have	had	had	ter
hear	heard	heard	ouvir
hide [háid]	hid [híd]	hidden	esconder
hit	hit	hit	bater
hold	held	held	segurar
hurt	hurt	hurt	ferir
keep	kept	kept	manter
know [nôu]	knew [niw]	known	saber

INFINITIVO/ INFINITIVE	PASSADO/PAST	PARTICÍPIO (IDO/ADO)/PAST PARTICIPLE	TRADUÇÃO/ TRANSLATION
learn	learned (Am) learnt (Br)	learned (Am) learnt (Br)	aprender
leave	left	left	sair
lend	lent	lent	emprestar
lead [líd]	led	led	comandar
let	let	let	deixar
lie	lay	lain	deitar
lie	lied	lied	mentir
light [lait]	lit [lít]	lit	acender
lose [lús]	lost	lost	perder
make	made	made	fazer
mean [mín]	meant [mênt]	meant	significar
meet [mít]	met [mêt]	met	conhecer; encontrar
pay	paid	paid	pagar
put	put	put	colocar
read [ríd]	read [rêd]	read [rêd]	ler
ride	rode	ridden	andar
ring	rang	rung	tocar
rise	rose	risen	aumentar; levantar
run	ran	run	correr
say	said	said	dizer
see	saw	seen	ver
seek	sought [sót]	sought [sót]	procurar
sell	sold	sold	vender
send	sent	sent	enviar
set	set	set	colocar
shake	shook	shaken	sacudir

INFINITIVO/ INFINITIVE	PASSADO/PAST	PARTICÍPIO (IDO/ADO)/PAST PARTICIPLE	TRADUÇÃO/ TRANSLATION
shine	shone	shone	brilhar
shoot [shút]	shot [shót]	shot [shót]	atirar
show	showed	shown	mostrar
shrink	shrank	shrunk	encolher
shut	shut	shut	fechar
sing	sang	sung	cantar
sink	sank	sunk	afundar
sit	sat	sat	sentar
sleep	slept	slept	dormir
smell	smelled (Am) smelt (Br)	smelled (Am) smelt (Br)	cheirar
speak	spoke	spoken	falar
spend	spent	spent	gastar
stand	stood	stood	levantar
steal	stole	stolen	roubar
swear [suêr]	swore [suór]	sworn	jurar
swim	swam	swum	nadar
take	took	taken	pegar; levar
teach	taught [tót]	taught [tót]	ensinar
tear [têr]	tore [tór]	torn	rasgar
tell	told	told	contar
think	thought [thót]	thought [thót]	pensar
throw	threw	thrown	jogar
understand	understood	understood	entender
wake	woke	woken	acordar
wear	wore	worn	usar; vestir
win	won	won	vencer
write	wrote	written	escrever

Referências

ARGYLE, Michael. *The Psychology of Interpersonal Behaviour*. Londres: Penguin, 1994.

ASSUMPÇÃO, Sônia; DE LACY WHITE, Philip; SCHUMACHER, Cristina. *Manual para quem ensina inglês*. Rio de Janeiro: Campus, 2004.

CUNNINGHAM, Mark; ZWIER, Lawrence J. *The English you need for business*. Hong Kong: Asia-Pacific Press Holdings Ltd., 2003.

CYPRES, Linda. *Let's speak business English!*. New York: Barron's Educations Series, Inc., 1999.

DE BIAGGI, Enaura T. Krieck; STAVALE, Emeri de Biaggi. *English in the office – ingles básico no dia a dia do escritório*. São Paulo: Disal, 2005.

FRANCE, Sue. *The Definitive Personal Assistant & Secretarial Handbook*. Grã Bretanha e Estados Unidos da América: Kogan Page, 2009.

HEWINGS, Martin. *Advanced Grammar in Use*. Cambridge University Press, UK, 2001.

HENKE, Niura Regiane. *Inglês nos negócios*. Barueri: Disal, 2007.

LAROUSSE GUIA DE IDIOMAS. *Inglês + fácil para comunicar-se. São Paulo: Larousse do Brasil, 2003.*

MURPHY, Raymond. *Essential Grammar in Use*. Cambridge University Press, UK, 2000.

MURPHY, Raymond. SMALZER, William R. *Grammar in Use Intermediate*. Cambridge University Press, UK, 2001.

SEGLIN, Jeffrey L; OLEMAN, Edward. *The AMA handbook of business letters*. USA, AMACOM – American Management Association, 2002.

VOLKMANN, Patrícia Ritter. *Inglês – Conversação para viagem*. Porto Alegre: Artes e Ofícios, 2005.

SITES RECOMENDADOS:

www.word-origins.com

www.answers.com

Acreditamos que sua resposta nos ajuda a aperfeiçoar continuamente nosso trabalho para atendê-lo(la) melhor e aos outros leitores.
Por favor, preencha o formulário abaixo e envie pelos correios ou acesse www.elsevier.com.br/cartaoresposta. Agradecemos sua colaboração.

Seu nome: ______________________________

Sexo: ☐ Feminino ☐ Masculino CPF: ______________

Endereço: ______________________________

E-mail: ______________________________

Curso ou Profissão: ______________________________

Ano/Período em que estuda: ______________________________

Livro adquirido e autor: ______________________________

Como conheceu o livro?

☐ Mala direta
☐ Recomendação de amigo
☐ Recomendação de professor
☐ Site (qual?) ______________
☐ Evento (qual?) ______________
☐ E-mail da Campus/Elsevier
☐ Anúncio (onde?) ______________
☐ Resenha em jornal, revista ou blog
☐ Outros (quais?) ______________

Onde costuma comprar livros?

☐ Internet. Quais sites? ______________________________
☐ Livrarias ☐ Feiras e eventos ☐ Mala direta

☐ Quero receber informações e ofertas especiais sobre livros da Campus/Elsevier e Parceiros.

Siga-nos no twitter @CampusElsevier

ELSEVIER

SAC ELSEVIER | 0800 026 53 40
sac@elsevier.com.br

Cartão Resposta
050120048-7/2003-DR/RJ
Elsevier Editora Ltda
CORREIOS

CARTÃO RESPOSTA
Não é necessário selar

O SELO SERÁ PAGO POR
Elsevier Editora Ltda

20299-999 - Rio de Janeiro - RJ

Qual(is) o(s) conteúdo(s) de seu interesse?

Concursos

- [ ] Administração Pública e Orçamento
- [ ] Arquivologia
- [ ] Atualidades
- [ ] Ciências Exatas
- [ ] Contabilidade
- [ ] Direito e Legislação
- [ ] Economia
- [ ] Educação Física
- [ ] Engenharia
- [ ] Física
- [ ] Gestão de Pessoas
- [ ] Informática
- [ ] Língua Portuguesa
- [ ] Línguas Estrangeiras
- [ ] Saúde
- [ ] Sistema Financeiro e Bancário
- [ ] Técnicas de Estudo e Motivação
- [ ] Todas as Áreas
- [ ] Outros (quais?) ____________

Educação & Referência

- [ ] Comportamento
- [ ] Desenvolvimento Sustentável
- [ ] Dicionários e Enciclopédias
- [ ] Divulgação Científica
- [ ] Educação Familiar
- [ ] Finanças Pessoais
- [ ] Idiomas
- [ ] Interesse Geral
- [ ] Motivação
- [ ] Qualidade de Vida
- [ ] Sociedade e Política

Jurídicos

- [ ] Direito e Processo do Trabalho/Previdenciário
- [ ] Direito Processual Civil
- [ ] Direito e Processo Penal
- [ ] Direito Administrativo
- [ ] Direito Constitucional
- [ ] Direito Civil
- [ ] Direito Empresarial
- [ ] Direito Econômico e Concorrencial
- [ ] Direito do Consumidor
- [ ] Linguagem Jurídica/Argumentação/Monografia
- [ ] Direito Ambiental
- [ ] Filosofia e Teoria do Direito/Ética
- [ ] Direito Internacional
- [ ] História e Introdução ao Direito
- [ ] Sociologia Jurídica
- [ ] Todas as Áreas

Media Technology

- [ ] Animação e Computação Gráfica
- [ ] Áudio
- [ ] Filme e Vídeo
- [ ] Fotografia
- [ ] Jogos
- [ ] Multimídia e Web

Negócios

- [ ] Administração/Gestão Empresarial
- [ ] Biografias
- [ ] Carreira e Liderança Empresariais
- [ ] E-business
- [ ] Estratégia
- [ ] Light Business
- [ ] Marketing/Vendas
- [ ] RH/Gestão de Pessoas
- [ ] Tecnologia

Universitários

- [ ] Administração
- [ ] Ciências Políticas
- [ ] Computação
- [ ] Comunicação
- [ ] Economia
- [ ] Engenharia
- [ ] Estatística
- [ ] Finanças
- [ ] Física
- [ ] História
- [ ] Psicologia
- [ ] Relações Internacionais
- [ ] Turismo

Áreas da Saúde [ ]

Outras áreas (quais?): ____________

Tem algum comentário sobre este livro que deseja compartilhar conosco?

____

Atenção:

-As informações que você está fornecendo serão usadas apenas pela Campus/Elsevier e não serão vendidas, alugadas ou distribuídas por terceiros sem permissão preliminar